The Open University

centre for
MODERN
LANGUAGES

En rumbo 1

Encuentros

página 7

El tiempo libre

página 117

ROUTLEDGE

L140 course team

Core course team

Tita Beaven (book co-ordinator/author)
Vivien Bjorck (course team secretary)
Dorothy Calderwood (course manager)
Cecilia Garrido (course team chair/book co-ordinator)
Enilce Northcote-Rojas (course team secretary)
Ane Ortega (course team member)
Liz Rabone (editor)
Cristina Ros (course team member)
Sean Scrivener (editor)

Production team

Ann Carter (print buying controller)
Alison Cunningham (project controller)
Jonathan Davies (design group co-ordinator)
Jane Duffield (project controller)
Janis Gilbert (graphic artist)
Pam Higgins (designer)
Siân Lewis (designer)
Jo Parker (liaison librarian)
David Richings (print buying co-ordinator)

BBC production team

Jacqui Charlston (production assistant)
Luis España (video producer)
Pol Ferguson (video producer)
Dalia Ventura (audio producer)
Penny Vine (video and audio producer)

Consultant authors

Mike Garrido
María Iturri
Alicia Peña Calvo
Juan Trigo (Audio Drama)

Syllabus advisor

Dr Anne Ife, Anglia Polytechnic University

External assessor

Dr Rob Rix, Trinity and All Saints, Leeds

The course team would like to thank all the people of Barcelona, Galicia, Mexico and Peru who contributed to *En rumbo*. Thanks also go to critical readers, to those who tested the materials and to Dr Robin Goodfellow. Special thanks go to Hélène Mulphin.

Published in 1999 by Routledge; written and produced by The Open University.

ISBN 0 415 20324 4

Edited, designed and typeset by The Open University.

Printed and bound in the United Kingdom by Alden, Oxford and Northampton.

L140ERBk1i1.1

What is 'En rumbo'?

En rumbo is a Spanish course for adult learners studying the language without the support of a classroom teacher. It is aimed at students with a knowledge of Spanish equivalent to GCSE or 'O' level, acquired in a variety of ways ranging from conventional study to informal exposure to the language. The course provides you with an opportunity to develop your listening, reading, writing and speaking skills through exposure to formal and informal authentic Spanish and activities that will gradually help you to achieve a higher level of competence in the language.

World Spanish

Spanish is the most widely spoken of the Romance languages, with an estimated 400 million native speakers. It is spoken in mainland Spain, the Canary and Balearic Islands, and the two Spanish possessions in north Africa, Ceuta and Melilla. It is also spoken in nineteen countries in the Americas and is the official language of Equatorial Guinea, a Spanish possession until 1968. There is a large and growing Spanish-speaking population in the USA, plus significant minorities in Morocco, Western Sahara, the Philippines, the Balkan countries and Israel.

Spanish exhibits a number of dialectal varieties both in Spain and Spanish America, but for practical purposes we will refer to 'Castilian' and 'non-Castilian' Spanish; the latter comprises not only all the American Spanish varieties, but also some within Spain itself.

The most important differences between Castilian and non-Castilian Spanish are in pronunciation, the most striking being *seseo*, i.e. the pronunciation among non-Castilian speakers of the 'c' in 'ce', 'ci' and the 'z' as the 's' of English 'stop', rather than the 'th' sound as in the English 'theatre'. One difference in grammar is that *ustedes* is used instead of *vosotros* in Spanish America. There are also differences in vocabulary, as one would expect in a language spoken in so many different places. However, Spanish speakers around the world do not find it difficult to understand each other.

Book structure

Each book consists of two parts, each of which is divided into four *unidades*. Each of the first three *unidades* has a theme around which the language content is developed. The fourth *unidad* of each part is dedicated to revision and also contains comprehensive grammar and vocabulary summaries. Each *unidad* is divided into study sessions of two to two and a half hours each, which contain clear explanations of the language covered, a variety of examples, a wide range of *actividades* to practise the language, study tips to help you learn the language more effectively and a number of features aimed at introducing variety and making learning more enjoyable. Clear instructions, in both English and Spanish, will guide you through the various *actividades*, topics and features. Answers to the *actividades*, together with extensive explanations, are contained in the *Clave*. In *Atando cabos* we look at the language covered and summarize it for clearer understanding and easier recall. *¿Sabía Ud. que...?* and *Hispanoamérica* contain interesting and curious facts about the language, culture and history of the Spanish-speaking people. *Del dicho al hecho* suggests activities that will allow you to transfer what you learn to other contexts or which will enhance your knowledge of Spanish and the Spanish-speaking cultures. You will be asked to keep a file, or *Diario*, where you can record notes about vocabulary, grammar, pronunciation, your impressions of a particular topic, ease or difficulty of learning and comments about your progress, all of which will prove useful for revision.

Audio-visual materials

Each book is accompanied by the following audio-visual materials: a video cassette (*vídeo*), an Activities Cassette (*Cinta de actividades*), an Audio Drama Cassette (*Cinta del radiodrama*) and a Pronunciation Practice Cassette (*Cinta de pronunciación*) with accompanying booklet (*Cuadernillo de pronunciación*). A Transcript Booklet (*Cuadernillo de transcripciones*) contains transcripts of the video, Activities Cassette and Audio Drama Cassette.

The video has interviews with Spanish-speaking people in locations in Spain and Spanish America. The Activities Cassette has activities to help you develop your listening and speaking skills. The Audio Drama, *Un embarazo muy embarazoso*, is a 'comedy of errors' in which the grammatical structures and vocabulary taught are used in a quasi-authentic context.

The Pronunciation Practice Cassette and Pronunciation Practice Booklet contain clear explanations about Spanish sounds, stress, rhythm and intonation, together with exercises.

Additional resources

The book makes frequent reference to the Spanish Grammar, the dictionary, and the Study Guide which are respectively *The Oxford Spanish Grammar* by John Butt, *The Oxford Spanish Dictionary* and the Open University's *The Language Learner's Good Study Guide,* all reference publications which will help you to make the most of your learning.

The following icons are used in the book:

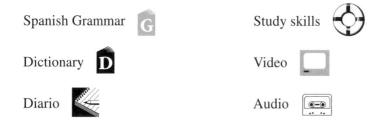

Spanish Grammar   Study skills

Dictionary   Video

Diario   Audio

Índice ~ Encuentros

Índice ~ El tiempo libre

Encuentros ~

This book is made up of two parts. The first part, *Encuentros*, is a general introduction to *En rumbo*, and presents the four locations featured: Galicia, Mexico, Peru and Barcelona.

The first *unidad*, *Tierras y gentes*, introduces the four locations; you will also learn how to talk about yourself and how to describe people and places.

The second *unidad*, *En la variedad está el placer*, deals with comparing people and places, and also introduces the first episode of the Audio Drama.

The third *unidad*, *Estilos de vida*, concentrates on talking about different lifestyles.

The fourth *unidad*, *Repaso*, revises and consolidates the work done in the previous three.

In *Encuentros* you will also see that there is an emphasis on giving practical advice on how you can adopt study strategies that will make your learning experience more enjoyable and fulfilling.

Unidad 1 Tierras y gentes

In this *unidad* you will practise describing people and places. In addition, you will be encouraged to develop the language learning skills you will need in order to make the most out of these materials.

Learning Objectives

By the end of this *unidad*, you should be able to:

- Describe places;

- Talk about yourself, your family, your job and your daily routine;

- Describe people's appearance and character.

Key Learning Points

Sesión 1

- Using the verbs *ser* and *estar* – consolidating your knowledge.

- Using adjectival agreement – consolidating your knowledge.

- Pronouncing 'ce', 'ci' and 'z'.

Sesión 2

- Giving personal details about yourself and others.

- Describing daily routines.

- Forming and using regular and radical changing verbs in the simple present indicative tense.

Sesión 3

- Revising and expanding vocabulary relating to descriptions of appearance and character.

Study chart

Activity	Timing (minutes)	Learning point	Materials
		Sesión 1 *Descripción de lugares*	
1.1	20	Galicia: first impressions	Video
1.2	30	Describing places (using *ser* and *estar*)	Video, Spanish Grammar
1.3	25	Mexico: describing places (using adjectival agreement)	Video
1.4	10	Adjectival agreement	Spanish Grammar
1.5	20	Study skills: using video	Study Guide
1.6	30	Barcelona: describing places in writing	Video, Transcript Booklet
1.7	15	Peru: varieties of Spanish	Video
		Pronunciation: 'ce', 'ci', and 'z'	Pronunciation Practice Cassette and Booklet
		Sesión 2 *Identificación personal y rutina diaria*	
1.8	45	Personal information	Activities Cassette, Study Guide
1.9	10	Study skills: recording your own progress	
1.10	15	Daily activities	Activities Cassette
1.11	35	Regular verbs in the present indicative	Spanish Grammar
1.12	10	Irregular verbs: *estar*, *salir*, *venir*	Spanish Grammar
1.13	15	Radical changing verbs	Spanish Grammar
1.14	15	Shadow reading	Transcript Booklet, Activities Cassette
1.15	10	Study skills: using the dictionary	
		Sesión 3 *Descripción de personas*	
1.16	25	Description of someone's appearance	Activities Cassette
1.17	15	Who do they look like?	Activities Cassette
1.18	10	Study skills: listening strategies	Study Guide
1.19	30	Affective suffixes	Activities Cassette
1.20	15	Describing character	
1.21	35	Letter writing conventions and set phrases	

2H 30m

2H 35m

2H 10m

Sesión 1   Descripción de lugares

In this session you will watch the beginning of the video, which introduces the four locations: Galicia, Mexico, Barcelona and Peru.

Actividad 1.1

Later on in this activity you will be looking at the first video sequence, but first do the following task.

1   Look at the thought bubbles below and make a list of four or five more ideas commonly associated with Spain. Use the dictionary if you want.

Mire los dibujos y haga una lista de otras cuatro o cinco ideas que la gente asocia con España.

2   In the video sequence you will see a very different Spain from that in the drawings. The documentary is about Galicia, the region in the north-west of Spain, north of Portugal. Watch the video sequence (00:00–01:20) with the sound turned off, and concentrate on the images. What sort of place is Galicia? What do people do there? What does the landscape look like?

Vea la secuencia de vídeo sobre Galicia (00:00–01:20) sin volumen; concéntrese en las imágenes.

3 Look at the following list and tick the images you think you saw. If you can't remember, don't worry – you can look at it again in a minute! The vocabulary in the margin will help you. If there are any other words you don't understand, look them up in the dictionary.

Indique con un ✓ las imágenes que ha visto. Si no se acuerda, no se preocupe, podrá volver a mirar el vídeo dentro de un momento.

el barco de pesca
fishing boat

el labrador
farm worker

el arado
plough

la misa
mass, religious service

la mochila
rucksack

(a) unos barcos de pesca ✓

(b) un puerto pesquero ✓

(c) unas vacas en un campo ☐

(d) una iglesia en un pueblo ✓

(e) un labrador con un arado ☐

(f) una procesión religiosa ☐

(g) una misa en la catedral ☐

(h) una estatua del Apóstol Santiago ✓

(i) dos personas con mochilas ✓

4 Watch the video sequence again with the sound turned off to check your answers.

Vuelva a mirar la secuencia de vídeo y compruebe sus respuestas.

5 Watch the video sequence once more, this time with the sound. As this is the first time you will listen to Spanish in *En rumbo*, just sit back and listen to the language. Remember you don't need to understand everything you hear.

Vea de nuevo la secuencia, esta vez con volumen. Recuerde que no tiene que entender todo.

Sabía Ud. que...

En español un *tick* (✓) se llama un 'visto' (en España) o 'visto bueno' (en Hispanoamérica), y significa que se ha **visto** algo. Cuando se rellenan formularios, normalmente se pone una cruz (✗) en lugar de un visto (✓) para rellenar un recuadro.

Actividad 1.2

In the next video sequence, you are going to listen to Raquel talking about La Coruña, her home town, and Santiago, where she is studying.

La Coruña

Santiago

1   The following sentences describe either La Coruña or Santiago. Read them first and make sure you understand them. If there are any words you don't understand, look them up in the dictionary.

Lea las frases primero y asegúrese de que las entiende; si es necesario use el diccionario.

(a) Tiene 250.000 habitantes.

(b) Está en el noroeste de Galicia.

(c) Tiene el segundo puerto más importante de Galicia.

(d) Es una ciudad universitaria.

(e) Tiene una universidad muy antigua.

(f) La universidad es poco importante.

(g) Hay mucha industria y servicios.

(h) Es la capital de Galicia.

2   Now watch the video sequence (01:30–02:26) and say which city each sentence describes. You may want to watch the sequence more than once.

Vea la secuencia de vídeo (01:30–02:26) y decida, según Raquel, a qué ciudad se refiere cada descripción.

3   You will probably be aware that there are two verbs in Spanish that mean 'to be': *ser* and *estar*. To revise the differences between them, read pages 77–80 of the Spanish Grammar, up to 'Changes of meaning with *ser* and *estar*'.

Lea la sección sobre los verbos 'ser' y 'estar' en las páginas 77–80 de su libro de gramática.

Now look at the following sentences taken from the video sequence and work out which use of *estar* and *ser* given in the Spanish Grammar they correspond to.

Lea las siguientes frases y decida a qué uso de 'estar' y 'ser' corresponden.

(a) La Coruña está situada en el noroeste de Galicia.

(b) La Coruña es una ciudad de 250.000 habitantes.

(c) Es una ciudad muy bonita.

(d) La universidad no es importante.

(e) El casco antiguo es más pequeño.

4   Your *Diario* is a very important study tool in which you can write notes, examples, impressions, etc. on various aspects of your learning. Grammar is one of the important areas of language learning and you should make full use of your *Diario* by writing your notes, examples and comments as

thoroughly as possible. These will be useful not only for revision purposes, but also to go back to as often as necessary to remember grammar points or to add detail. You may now want to start a grammar section in your *Diario* with these examples of the use of *ser* and *estar* and a brief explanation in your own words of the rules for these instances of use.

Empiece una sección en su Diario y tome notas sobre los usos de 'ser' y 'estar' que ha estudiado aquí.

Actividad 1.3

The next video sequence features our second location, Mexico City or *México DF* (*Distrito Federal*), as it is referred to by some of the speakers.

1 Watch the video sequence (02:27–03:57) once and try to understand the gist. Make some notes in either Spanish or English about places of interest in Mexico City that are mentioned.

Vea la secuencia de vídeo sobre México DF (02:27–03:57) y trate de comprender los puntos principales. Tome unas notas de los lugares de interés en México DF.

2 Read the following sentences about Mexico City and concentrate on the words and endings in bold. What kind of pattern do you notice?

¿Nota algún patrón en las palabras y letras realzadas?

> **México** es precios**o**, es una **ciudad** muy bonit**a**.
>
> Tiene **museos** muy bonit**os**.
>
> Puede visitar la **zona** arqueológic**a** y la **zona** prehispánic**a**.

Atando cabos

Adjectival agreement

The following tables summarize the rules about the formation of the feminine and plural of adjectives:

Masculine ending	Feminine form	Examples Masculine	Feminine
-o	change the -o to -a	mexicano	mexicana
-e	no change	importante	importante
-án, -ín, -ón, -or	add -a	glotón	glotona
consonant (when adjective indicates region or nationality)	add -a	español	española
consonant other than -n or -r	no change	comercial	comercial
-ior plus *mayor, menor, mejor* and *peor*	no change	superior	superior

Singular ending	Plural ending	Examples
vowel	add -s to the singular	mexicanos mexicanas importantes glotonas españolas
consonant	add -es to the singular	glotones españoles superiores comerciales

Add relevant examples of your own to the table.

Actividad 1.4

Add the correct endings to the adjectives in the following sentences, so that they agree with the nouns they modify. The first two have been done for you. (If you need more details on the rules of adjectival agreement, see the Spanish Grammar (pp. 127–30).)

Escriba la terminación correcta de los adjetivos en las siguientes frases.

1 México es precios**o**.

2 Es una ciudad muy bonit**a**.

3 Ustedes podrían visitar toda la zona arqueológic... y la zona prehispánic... .

4 Hay centros recreativ... también muy interesant... .

5 Nuestra cultura no está muy difundid... .

6 México es una de las ciudades más densamente poblad... del mundo.

Actividad 1.5

Read section 6 of the Study Guide and do the Action Point on page 32, writing four advantages of using video. You needn't read the subsection on 'What sort of exercises?', but do read 'Some practical advice' (pp. 33–4) which offers tips on the operation of your video machine. Before you start the next video-based activity, you might want to refer back to this section and follow the suggestions.

Lea la sección 6 de la guía del estudiante y haga la primera actividad.

Actividad 1.6

The next video sequence is about Barcelona, the third of our locations.

1 Before you watch the video, note down in Spanish or English anything you already know about Barcelona, such as its location, climate and the amenities it offers.

Antes de ver el vídeo, escriba unas notas sobre Barcelona.

Barcelona

2 Watch the video sequence from 03:58 to 05:31 and add any further information to your notes about Barcelona.

Vea la secuencia de vídeo desde 03:58 hasta 05:31 y añada en sus notas más información sobre Barcelona.

3 Watch the video sequence (03:58–05:31) again and at the same time read out loud from Transcript Booklet 1 (pp. 5–6). This is called 'shadow reading' and, although you might find it difficult at first, it is a very good way of improving your pronunciation and intonation and of gaining confidence in your speaking. You may want to practise it again as you learn, but remember to select audio and video sequences where the speakers speak fairly slowly and articulate well.

Ahora vea otra vez la secuencia de vídeo y lea la transcripción en voz alta mientras escucha el vídeo.

4 Look at the structure of the description of Barcelona that you heard:

Estudie la estructura de la descripción de Barcelona:

(a) What impresses the speaker most about Barcelona: ***Para mí lo más sobresaliente de*** *Barcelona* ***es*** *su clima.*

(b) What other people say: ***Dicen que*** *hace mucho calor.*

(c) What there is: ***Tiene*** *mar, montaña.* ***Tiene*** *unas avenidas muy bonitas.*

(d) Negative points (to give a more balanced view):
También hay que decir que *tiene unos barrios marginales bastante deprimidos.*

(e) A conclusion: ***En fin, que*** *tenemos de todo.*

Write a short description of a town you know using the same structure and expressions.

Escriba una descripción de una ciudad que conoce utilizando estas expresiones.

5 Now read your description out loud. You might want to read it several times, trying to make it sound fluent.

Ahora lea su descripción en voz alta.

Actividad 1.7

In this final sequence, you will see the last of our locations, Peru, and hear descriptions of two of its main cities: Lima, the present capital, built on a narrow strip of coastline, and Cuzco, built on the remains of the old Inca capital.

1 Watch the whole video sequence (05:32–06:57). You don't need to understand or remember everything.

Vea la secuencia de vídeo completa (05:32–06:57).

Lima

Cuzco

2 Watch the video sequence again. Listen out for the difference in the way the narrator and the Peruvian speakers pronounce words containing 'ce', 'ci', and 'z' (*conoce, ciudad, atracción, Beatriz, Cuzco, población, crecimiento*). Notice how the Peruvian speakers use the sound /s/, like the 's' in 'soft', whereas the narrator, who is Castilian, pronounces the sound /θ/, like the 'th' in 'think'.

Vea la secuencia de vídeo otra vez y escuche la diferencia en la pronunciación de 'ce', 'ci', y 'z' entre los hablantes peruanos y el narrador.

3 Start a section on *Pronunciación* in your *Diario* and make a note of this difference in pronunciation between Castilian Spanish and non-Castilian Spanish.

Escriba unas notas en su Diario sobre esta variación.

Pronunciación

Do *Práctica 1* in the Pronunciation Practice Cassette and Booklet on the pronunciation of 'ce', 'ci' and 'z'.

> ◄ Del dicho al hecho ►
>
> When you have time, watch the Mexico sequence (02:27 to 03:57) on the video again and listen out for further examples of the pronunciation of 'ce', 'ci' and 'z' in Castilian and non-Castilian speakers.

Sesión 2 Identificación personal y rutina diaria

This session is based on the Activities Cassette. You will learn how to give and ask for personal information and talk about your daily routine.

Actividad 1.8

In this activity you will be learning about personal information.

1 You are interviewing someone and need to find out the following information. Write down in Spanish the questions you would ask.

Escriba las preguntas en español.

(a) Nombre y apellido

(b) Lugar de nacimiento

(c) Edad

(d) Estado civil

(e) Familia

(f) Profesión

2 First check your answers to step 1 in the *Clave*. Then listen to Extract 1 on the Activities Cassette and work out which of the questions from step 1 had been put to each person. For example, if the first answer you heard was *Tengo 39 años*, you would write '(c)'.

Escuche el Extracto 1 en la Cinta de actividades y decida qué pregunta del paso 1 se le hizo a cada entrevistado.

3 Now listen to Extract 2 on the Activities Cassette where the same people have been recorded again, and indicate whether the following statements are true (*verdaderas*) or false (*falsas*).

Ahora escuche el Extracto 2 en la Cinta de actividades e indique si las siguientes frases son verdaderas o falsas.

	Verdadero	Falso
(a) The first speaker is from Lalín, a village in the centre of Galicia.	☑	❏
(b) There are 200 houses in the village.	❏	☑
(c) Marcial Gondar teaches social anthropology at the University of Santiago.	☑	❏
(d) The third speaker has a large family.	❏	❏
(e) He is 48 years old.	❏	☑
(f) His wife works in a school.	❏	☑

4 As you are concentrating on audio in this session, read section 7, 'Using audio', of the Study Guide (pp. 35–7), and pay particular attention to the practical advice it gives on how to record yourself and how to complete 'gapped' dialogues.

Lea la sección 7 de la guía del estudiante.

5 Listen to Extract 3 on the Activities Cassette. You will be asked some questions about yourself. It is important that you try to respond spontaneously, so that the activity is more like a real dialogue, rather than preparing your answers before you speak. If you have access to a twin-deck machine or have two cassette players you can record your answers in order to listen to yourself and monitor your performance.

Escuche el Extracto 3 en la Cinta de actividades y conteste las preguntas. Si puede, grabe sus respuestas.

Actividad 1.9

What did you think of *Actividad 1.8*? Make some notes on your reactions to the activity in your *Diario*. If you keep a record of your impressions and difficulties, and try to think about how you can solve any problems you may be having, you will be able to monitor your progress more effectively.

Tome notas en su Diario sobre sus reacciones a la Actividad 1.8. Anote sus impresiones y sus dificultades.

Sabía Ud. que...

En los países de habla hispana la gente tiene dos apellidos. El primero es el del padre y el segundo el de la madre.

En la secuencia de vídeo de Perú, por ejemplo, una de las personas entrevistadas dice 'Me llamo Beatriz Pacheco Milichichi'. 'Pacheco' es el primer apellido del padre de Beatriz y 'Milichichi' el primer apellido de su madre.

En los directorios telefónicos, listas de votantes, etc. las personas aparecen en la sección que corresponde a su primer apellido. Beatriz Pacheco Milichichi, por ejemplo, aparece en la P del directorio de Lima y no en la M. El primer apellido es el que se usa con títulos: la señora Sabaté, la señorita Pacheco. Gabriel García Márquez no es el señor Márquez: es el señor García o el señor García Márquez.

Beatriz Pacheco Milichichi

Actividad 1.10

We are now going to concentrate on everyday activities. In Extract 4 you will hear someone describing her daily routine.

1 First of all, classify the daily activities in the list according to the categories in the table. If there are any words or expressions you are not sure about, look them up in the dictionary.

Clasifique las actividades y escríbalas en la tabla. Busque las palabras que no conozca en el diccionario.

Niños	Comida	Otras tareas de la casa	Otras actividades
	comer		arreglarse

arreglarse   jugar con los niños   preparar la cena

comer   levantarse   preparar los desayunos

fregar la cocina   limpiar el polvo   recoger a la niña

hacer la compra   llegar a casa   salir (de casa)

jugar con el bebé   planchar   venir a la oficina

2 Now listen to Extract 4 on the Activities Cassette and put the following activities in the order they are mentioned. You will probably need to listen to the cassette more than once, but remember that you are not expected to understand every word that is said. (You will notice that the form of some of the verbs will be different from those below, as the woman sometimes uses the simple present and sometimes the infinitive to describe her daily chores.)

Ahora escuche el Extracto 4 en la Cinta de actividades y ordene de 1 a 7 las siguientes actividades.

(a) levantarse   ☐ 1   (e) ir a la oficina   ☐ 7

(b) planchar   ☐ 6   (f) hacer la compra   ☐ 4

(c) preparar la cena   ☐ 5   (g) jugar con el bebé   ☐ 3

(d) limpiar el polvo   ☐ 2

3 One of the things you can use your *Diario* for is to record important new vocabulary. Designate one section of the *Diario* for this use; start a subsection headed *Rutina diaria* in which to record the vocabulary you have learned in this activity.

Empiece una sección en su Diario para escribir el vocabulario relacionado con la rutina diaria.

Actividad 1.11

1   Here are some expressions from the Activities Cassette, and others that describe daily activities. Make them into sentences in the simple present tense using the words in brackets as the subjects of the sentences. If you're not sure about the verb endings, don't look at the *Clave*, but move on to the next part of the activity.

Vuelva a escribir las siguientes frases en el presente del indicativo.

Ejemplo

Preparar los desayunos (yo)   *Preparo los desayunos.*

(a) Llegar a casa (ella)

(b) Comer a las dos (nosotros)

(c) Recoger al bebé de la guardería (yo)

(d) Bañar a los niños (mi marido)

(e) Planchar las camisas (mi hija)

(f) Limpiar el polvo (ellos)

(g) Escribir en su diario (mi hija)

2   If you are not sure of the verb endings, check them in the Spanish Grammar as suggested below:

Compruebe las formas verbales en su libro de gramática como indicamos a continuación:

(a) Read the 'Forms of verbs' section on pages 2–3.

(b) Read 'Types of verbs' on pages 3–4, and make sure you are familiar with the terminology (such as 'conjugation', 'infinitive').

(c) Turn to page 239. You will see that the 'Verb forms' section covers conjugation tables of regular verbs ending in '-ar', '-er' and '-ir', spelling rules affecting all regular and irregular verbs, tables of irregular verbs, and lists of irregular and radical changing verbs. It is important that you know how to use this section to find out for yourself how to conjugate new verbs as you learn them.

(d) Read the section on spelling rules, although you needn't memorize the information for the time being. Don't forget the Spanish Grammar also contains a glossary of grammatical terms, so if you're not sure of the meaning of a term, look it up there.

Atando cabos

Simple present indicative of regular verbs

You've just used the present tense of a number of regular verbs, e.g. *preparar, llegar, comer, escribir*. They are conjugated like (in other words, they have the same endings as) the model regular verbs in the Spanish Grammar: *hablar* (p. 240), *beber* (p. 243) and *vivir* (p. 246).

3 Complete the missing forms in the following table:

Complete la tabla:

	preparar	comer	escribir
yo	preparo		
tú		comes	
él, ella; Ud.			
nosotros, -as			
vosotros, -as			escribís
ellos, ellas; Uds.			

Actividad 1.12

In Extract 4, you heard these sentences:

Estoy aquí cuatro horas por la mañana.

Salgo de casa antes que ellos.

Vengo a la oficina.

These three verbs (*estar, salir* and *venir* in the infinitive) are irregular, that is they are not conjugated in the same way as regular verbs. *Estar* is one of the most widely used irregular verbs in Spanish. Look it up in the list of irregular and radical changing verbs in the Spanish Grammar (pp. 302–19). This gives a translation and a reference number (22), which indicates its position in the lists of irregular and radical changing verbs (pp. 253–302). Now look up the conjugation of *salir* and *venir* following the same procedure. You could start a section on irregular verbs in your *Diario*, which you can add to as you come across more irregular verbs. For now, note the simple present tense of *estar, salir* and *venir*.

¿Dónde puede encontrar la conjugación de 'estar' en el libro de gramática? Busque la conjugación de 'estar', 'salir' y 'venir', y escriba las tres conjugaciones en el presente en su Diario.

Actividad 1.13

Extract 4 included these expressions:

> jugar con el bebé
>
> acostar a los niños
>
> fregar la cocina

Jugar, acostar and *fregar* are radical changing verbs. These are verbs that do not follow the regular rules, but whose root changes in a predictable fashion. Look up their conjugation in the Spanish Grammar. (If you have any problems finding them, look at the advice in the *Clave*.) Then complete the following sentences using the present tense of the appropriate one of these verbs.

Busque la conjugación de 'jugar', 'acostar' y 'fregar' en el libro de gramática, y complete las frases siguientes:

1 David ...... al fútbol todos los sábados.

2 Mi marido siempre ...... la cocina por la noche.

3 ¿Tú ...... a las cartas?

4 ¿Quién ...... los platos en esta casa?

5 Yo ...... al bebé a eso de las siete y media.

HISPANOAMÉRICA

In Spanish America, the verb *jugar*, when used for sports, does not require an article or a preposition. For example, *jugar al fútbol* in Spain is *jugar fútbol* in Spanish America.

Actividad 1.14

Read Extract 4 in the Transcript Booklet at the same time as listening to it on the Activities Cassette. You might also want to try shadow reading the text.

Escuche el Extracto 4 en la Cinta de actividades y sígalo con ayuda del Cuadernillo de transcripciones.

Actividad 1.15

1 Dictionaries are one of the most useful resources for learning vocabulary. In *Actividad 1.8* one of the people interviewed said that he was a *catedrático* and that his wife was a *psicóloga.* Look at the entries for these words from the *Oxford Spanish Dictionary* and notice how they are organized:

Fíjese cómo aparecen las siguientes entradas en el diccionario:

Headword. In the case of nouns with masculine and feminine forms, the noun appears in the masculine, followed by the ending of the feminine form.

The part of speech. 'm' stands for masculine noun, 'f' stands for feminine noun. Other parts of speech include: 'adj' (adjective), 'adv' (adverb), 'v' (verb).

catedrático -ca *m,f* **(a)** (de la universidad) professor, head of department **(b)** (en un colegio) head of department

Sense indicators. These tell you about the context in which the translation given is applicable. Here *catedrático* means 'professor' or 'head of department' in a university, but is only translated by 'head of department' in a school.

(a)

Field labels. These tell you the field the translation relates to. Other field labels include: 'busn' (business), 'biol' (biology), 'auto' (cars). There is a full list of abbreviations and labels for reference in the dictionary.

psicólogo -ga *m,f* **(a)** (Psic) psychologist **(b)** (fam) (persona perspicaz): **mi madre es buena psicóloga** my mother's a good judge of character

An example of a particular use, with its translation.

Stylistic labels. These tell you the appropriate register in which to use the word. 'Fam' means *familiar* (i.e. colloquial). Other stylistic labels include: 'euf' or 'euph' (euphemism), 'hum' (humorous), 'vulg' (vulgar).

(b)

2 Now look at the entry for *juez.* Explain what each of the highlighted labels means.

Ahora mire esta entrada y explique lo que significan los indicadores.

juez *mf,* **juez -za** *m,f* **(a)** (Der) judge **(b)** (Dep) referee
juez de banda (en fútbol) (*m*) linesman; (*f*) lineswoman; (en tenis) (*m*) linesman, line judge (BrE); (*f*) lineswoman, line judge (BrE); (en fútbol americano, rugby) line judge
juez de campo field judge
juez de instrucción examining magistrate
juez de línea ⇨ **juez de banda**
juez de paz justice of the peace
juez de primera instancia examining magistrate
juez de salida starter
juez de silla umpire
juez instructor examining magistrate

(c)

¡ASÍ NUNCA VAS A TERMINAR DE LEER UN LIBRO TAN GORDO!

Del dicho al hecho

Look up other entries for professions in the dictionary and make sure you understand what the labels mean.

Sesión 3 Descripción de personas

In this session you will hear people describing themselves and others.

Actividad 1.16

1   Read the following description, and fill the gaps with the words in the box. The description contains two Spanish American words, *chavo* (*chico*), used in Mexico, and *ahorita* (*ahora*).

Lea la descripción que sigue y complete el párrafo usando las palabras del recuadro.

> alto, bigote, boca, cabello, color, ojos, robusta, sensuales

Soy un chavo ...... , de complexión un poco ...... , antes tenía ...... , ahorita ya no, ya me lo corto. Trato de ser amable con todas las personas, me gusta llevarme con todo el mundo. ...... color café, porque no hay ojos ...... negro,... .... un poco ondulado y ...... de labios .... Eso sí tengo un defecto...

2   Now listen to Extract 5 on the Activities Cassette and check your answers. What does he say his *defecto* is?

Ahora escuche el Extracto 5 en la Cinta de actividades y compruebe sus respuestas.

3   Using the model sentences provided and the vocabulary from the box on page 26, write a description of your appearance. If there are any words or expressions you don't understand, look them up in the dictionary.

Complete su descripción usando las frases dadas y el vocabulario de la lista.

25

Soy ...... y .... Soy de complexión ....
Tengo el pelo ...... y ...... , y la cara ....
Tengo los ojos ...... y la tez ....

- un poco, bastante, muy

- tener la tez oscura / morena / clara
  tener la piel oscura / morena / clara
  tener pecas

- tener la cara redonda / alargada / ancha / menuda
  tener los pómulos salientes
  tener la nariz aguileña / recta / chata

- tener los ojos azules / verdes / castaños / claros /
  　　　　　　oscuros / negros
  　　　　　　grandes / pequeños

- tener el pelo rubio / moreno / castaño / negro /
  　　　　　　blanco / gris
  　　　　　　lacio / liso / ondulado / rizado / largo /
  　　　　　　corto
  ser pelirrojo, -ja
  ser calvo

- tener bigote / tener barba

- ser de complexión fuerte / robusta / normal / débil

- ser gordo, - da / delgado, - da
  ser alto, -ta / de estatura media / bajo, -ja

- llevar gafas

---

4 Start a section headed *Descripciones de personas* in your *Diario* and note down some of the most useful of the expressions above. You could use photos and drawings to illustrate their meaning. Associating words with images is an effective way of learning vocabulary, which you might find more useful than simply writing lists of Spanish words with their translation. You can add to this section as you learn.

Empiece una sección llamada 'Descripciones de personas' en su Diario y escriba algunas de estas expresiones.

Actividad 1.17

1 Listen to Extract 6 on the Activities Cassette, in which a mother describes her daughter. She explains how the daughter is like her father in some respects and herself in others, using the expression *se parece a*, 'she resembles'. As you listen, say which parent the daughter resembles in the following aspects. The vocabulary in the margin may help you, but if

melosillo, -lla
sweet-natured

cariñoso, -sa
loving

there are any other words or expressions you don't understand, look them up in the dictionary **before** you listen.

Escuche el Extracto 6 en la Cinta de actividades y decida en qué se parece la hija a su padre o a su madre.

(a) Se parece físicamente a la familia de su padre / madre.

(b) Se parece a su padre / madre en poco.

(c) Se parece a su padre / madre en las expresiones de la cara.

(d) Se parece a su padre / madre en que es melosilla y cariñosa.

(e) Se parece a su padre / madre en que es desordenada.

Atando cabos

Using 'se parece a...'

Look at the following examples with the expression *se parece a ... en (que)* and notice the structures used:

> Se parece a... en el carácter / en los ojos.

> Se parece a... en poco / todo.

> Se parece a... en que tiene buen carácter / es muy trabajador.

2 Look at the picture of the Herrero family, and write four sentences, each describing a way in which the child resembles her parents.

Mire el dibujo de la familia Herrero y escriba cuatro frases que describan en qué se parece la niña a sus padres.

Ejemplos

Se parece a su madre en que es alta y delgada.
Se parece a su padre en los ojos.

Actividad 1.18

Now that you have done several listening activities, it is time to think about the skills involved in listening. Read the section on 'Listening' in the Study Guide (pp. 20–2) and do the Action Point on page 21 (but not those on p. 23).

Lea la sección sobre la destreza auditiva en la guía del estudiante, páginas 20–2.

Actividad 1.19

In this activity, you are going to hear a description of the *danzón*, a traditional dance from Veracruz in Mexico.

When you listen to the audio extract you might find you are not familiar with some of the word endings. This is because the speaker uses what are referred to as 'affective suffixes' (diminutives and augmentatives), suffixes which are added to nouns, adjectives or adverbs to convey the idea of size or emotion. One of the most usual diminutive suffixes is '-ito', which denotes affection or small size. The old man in the audio extract is referred to as *el viejito* rather than *el viejo*, which can sound rather harsh and almost rude in Spanish. Augmentative suffixes such as '-ón', on the other hand, usually indicate greater size or intensity. In the audio extract, you will hear *un bigotón* to describe a big, thick moustache. We will return to these suffixes in more detail in the next section.

1 Listen to Extract 7 on the Activities Cassette up to *los ves bailando el danzón* and match each feature to the appropriate person.

Escuche el Extracto 7 en la Cinta de actividades hasta 'los ves bailando el danzón' y una cada prenda de ropa con la persona que la lleva.

	(i)	un sombrerito
	(ii)	una camisa muy tropicalona
(a) el viejito lleva	(iii)	una cadenota
(b) el señor lleva	(iv)	una plumita
(c) los chavos llevan	(v)	unos pantalones *Levi's*
	(vi)	unos zapatos blancos
	(vii)	un bigotón

2 The speaker says *(El danzón) se baila pegadito, se baila agarradito [...] en un cuadrito...* Words such as *pegadito* and *agarradito* are not in the dictionary, as words containing affective suffixes are not given as dictionary headwords. If you need to look these words up, you have to look up the base word (i.e. the word without the suffix). For instance, *pegadito* comes from *pegado*, which means 'very close (to another person)'. Open a section on word formation in your *Diario* and make a few notes about affective suffixes. Which words do *agarradito* and *cuadrito* come from?

El hablante dice '(El danzón) se baila pegadito, se baila agarradito [...] en un cuadrito...'. ¿De dónde se derivan 'agarradito' y 'cuadrito'?

3 Read the statements below, then listen to the whole of Extract 7 and tick whether the statements are true or false.

Lea las frases que siguen y decida si son verdaderas o falsas.

	Verdadero	Falso
(a) El danzón es una tradición de Veracruz.	❏	❏
(b) El viejito baila solo.	❏	❏
(c) El señor del bigotón es delgadito.	❏	❏
(d) Para bailar, el hombre pone su pierna entre las piernas de la mujer.	❏	❏
(e) Las parejas se desplazan mucho bailando el danzón.	❏	❏

Actividad 1.20

In some of the previous activities you have been looking at descriptions of people's appearance, but now you are going to concentrate on describing character and personality.

1 Jot down five or six adjectives in Spanish in your *Diario* to describe people's character, for example *generoso, -sa; sincero, -ra*.

Escriba en su Diario cinco o seis adjetivos para describir personalidad.

2 Here are some more adjectives which describe character. Read them, then put them into the appropriate column below, depending on what you feel they suggest. If you are not sure of their meaning, look them up in the dictionary:

Clasifique los siguientes adjetivos en las tres columnas indicadas:

relajiento (SpAm)
divertido (Sp)

> aburrido, agresivo, amable, ambicioso, antipático, caprichoso, cariñoso, desordenado, egoísta, estricto, estudioso, generoso, impulsivo, meloso, mesurado, noble, ordenado, pachanguero, relajiento, reservado, serio, simpático, tímido, tranquilo

Positive	Either positive or negative	Negative
amable	estricto	antipático

3 Now write two sentences in Spanish, one describing your character and the second describing someone else's, such as a relative or friend. Use *ser* (rather than *estar*). Don't forget to make the adjectives agree with the noun they describe.

Escriba dos frases, una describiéndose usted mismo o misma y otra describiendo a otra persona.

Ejemplo

Mi amiga Ana es una persona simpática y generosa pero también es un poco desordenada.

4 Add the adjectives to describe character you find most useful to the notes on *Descripciones de personas* in your *Diario*.

Añada adjetivos usados para describir personalidad en la sección 'Descripciones de personas' en su Diario.

LAS MEDIAS NARANJAS

COLOMBIANO PEQUEÑITO PERO CON EL CORAZÓN MUY GRANDE, 45, noble y generoso, desea conocer a una dama inglesa para entablar amistad... y romance. LMN 1.99 - 4038

DIVORCIADA VENEZOLANA, 2 hijas, 38, atractiva, sociable y profesional desea conocer hombre latinoamericano o inglés para formar un hogar feliz. LMN 1.99 - 1294

ESPAÑOLA TÍMIDA, cariñosa, generosa, busca un hombre bueno, simpático y tranquilo para hacer muchas cosas juntos. LMN 1.99 - 8193

INGENIERO CHILENO, 42, sin compromiso, responsable y trabajador, amante del baile y de la buena música, desea conocer joven británica. LMN 1.99 - 8943

INGLESITA LOCA, HABLA ESPAÑOL, Le gusta bailar, comer bien, y viajar. Quiere conocer nuevos amigos/as hispanoamericanos para divertirse juntos. LMN 1.99 - 6920

MEXICANO GAY, 27, cariñoso y divertido, no habla bien inglés, quiere conocer muchachos latinos en Londres. LMN 1.99 - 5393

PERUANA PÍCARA, 34, telemarketing, desea conocer españoles/latinos hasta 40 años, divertidos, amables, y que bailen apretadito. LMN 1/99 - 3095

SEÑOR CASADO, 40, profesional estresado por su trabajo pero amante de todo lo bueno, busca aventura romántica con joven latina intrépida y divertida. LMN 1.99 - 5110

Actividad 1.21

In *En rumbo* you will come across different types of writing, and do activities to practise various genres, such as descriptions, letters, diaries, etc. In this activity you will be introduced to the language of formal and informal letters.

1   Look at the layout of this letter and the one on the next page. One is formal and the other informal.

Fíjese en esta carta y la de la página siguiente. Una es formal y otra informal.

Laboratorios Ramón Villar
Avda de los Madroños 32   Membrete
28033 Madrid

MediSer S.A.   Fecha   16 de octubre de 1998
Paseo de la Habana 34   Dirección del
28015 Madrid   destinatario

Asunto: Catálogo 99/w120

Estimada Sra. Puig: Saludo
Tengo el gusto de dirigirme a usted para (...)

Cuerpo de
la carta

Confiando en que nuestra nueva gama de productos sea de su
interés, le saluda atentamente,   Despedida

firma   Firma

Luis Martínez Solimán
Director de Servicios Técnicos

Anexo: Catálogo Laboratorios Ramón Villar 99/w120

Fecha [*Madrid, 16 de octubre de 1998*

Querida Teresa:] Saludo

Te escribo estas líneas para] Cuerpo de la carta
desearte ...

Un abrazo,] Despedida

Luis.] Firma

P.D. (postdata)
P.S. (postscript)

P. S. Te mando una foto de los
niños para que veas qué guapos
están.

2 Classify the following expressions used to start and end letters according to whether they are formal or informal. Note them in your *Diario* in a new section, *Cartas*.

Clasifique estas expresiones en dos columnas, 'formal' e 'informal'.

Saludo

¡Hola Antonio!

Querido Nacho

Muy señora mía

Estimado Sr. Ruiz

Distinguida Sra. Sanz

Querida Isabel

Despedida

A la espera de sus noticias, le saluda atentamente

Con cariño

Un abrazo

Se despide atentamente

Muchos besos a todos

Reciba un cordial saludo

Expresándole mi agradecimiento, se despide atentamente

3 The following set phrases are often used in the main body of a letter. Match each Spanish phrase with its English equivalent, then say whether it is used in formal or informal letters.

Una cada expresión española con su equivalente en inglés y decida cuáles fórmulas del cuerpo de la carta son formales y cuáles son informales.

(a) Me dirijo a usted con el fin de comunicarle...

(b) Muchas gracias por tu carta

(c) Te escribo porque...

(d) Quisiera mediante la presente expresar mi agradecimiento...

(e) Rogamos nos envíen...

(f) Espero que estés bien

(g) Nos ponemos en contacto con usted para...

(h) ¿Qué tal estáis todos?

(i) Thanks for your letter

(ii) How are you all?

(iii) I am writing to express my most sincere gratitude

(iv) I am writing to inform you that...

(v) I would be grateful if you would be so kind as to send us...

(vi) I hope you are keeping well

(vii) I'm writing to you because...

(viii) We are writing to you to...

4 Now look at the following letter. First of all, decide from the layout if it is formal or informal. Then fill the gaps with suitable expressions from those given in steps 1, 2 and 3.

Rellene los espacios en la carta con las expresiones adecuadas.

Orense, 15 de noviembre de 1998

•••••• Ana:

••••••, y por la tarjeta y el regalo de cumpleaños para Laura. Le encantó, porque ya sabes que le gustan mucho las muñecas. La fiesta de cumpleaños es el domingo próximo, y ha invitado a todas las amiguitas del colegio.

••••••. Y tu suegro, ¿está mejor? Dale muchos recuerdos de mi parte, me acuerdo mucho de él.

Aquí sigue todo igual, tengo mucho trabajo, y además hemos decidido cambiarnos de casa. Estamos buscando un piso más grande, con tres dormitorios, y yo también quiero que esté en un sitio tranquilo, sin ruido, y cerca del parque, para poder llevar a los niños a montar en bici.

Bueno, nada más por ahora. Escríbeme pronto.

••••••

Maribel

P.D. El otro día hablé con Magda, y dice que por fin Gonzalo y Esperanza han decidido casarse. ¡Qué sorpresa!, ¿verdad?

Del dicho al hecho

To practise what you have learned in this session, choose a famous living person and write a description, in Spanish, of their appearance and character.

Unidad 2
En la variedad está el placer

In this *unidad* you will practise comparing people and places. You will also hear the first episode of the Audio Drama.

Learning Objectives

By the end of this *unidad* you should be able to:

- Compare people and places;

- Recognize and understand the use of diminutive and augmentative suffixes.

Key Learning Points

Sesión 1

- Forming and using comparatives and superlatives.

- Expressions used to compare places.

Sesión 2

- Comparing peoples.

- Vocabulary relating to the family.

Sesión 3

- Using diminutive and augmentative suffixes.

- Pronouncing 'b' and 'v'.

Study chart

Activity	Timing (minutes)	Learning point	Materials
		Sesión 1 *Comparación de lugares*	
2.1	10	Revising adjectival agreement	
2.2	15	Using *muy* and *bastante*	Activities Cassette
2.3	10	Using the suffix *-ísimo, -ma*	Activities Cassette
2.4	45	Comparing Jalapa with Veracruz	Activities Cassette
2.5	10	Structures for making comparisons	
2.6	15	Using *aquí* and *allá* to write a comparison of two towns	
2.7	10	Quiz using superlatives	
2.8	10	Comparatives and superlatives	
		Sesión 2 *Comparación de personas*	
2.9	35	Members of a family	Video, Transcript Booklet
2.10	40	Describing and comparing people	Video
2.11	10	Study skills: reading	Study Guide
2.12	40	Interpreting information from a chart	
		Sesión 3 *Copito de Nieve*	
2.13	20	First episode of the Audio Drama	Audio Drama Cassette
2.14	25	Running words together in speech	Activities Cassette
2.15	15	Affective suffixes: diminutives	
2.16	20	Diminutives: more practice	
2.17	10	Affective suffixes: diminutives and augmentatives	
	20	**Pronunciation**: 'b' and 'v'	Pronunciation Practice Cassette and Booklet

Sesión 1   Comparación de lugares

In *Unidad 1* you heard several people describing cities. Now you are going to practise comparing places.

Actividad 2.1

Here are some sentences derived from the video you watched earlier. Complete each sentence with the correct adjective from the box below, making sure that it agrees with the noun it describes.

Rellene cada espacio con el adjetivo adecuado.

> bueno, pequeña, bonita, grande, bonitos, importante

Ejemplo

La Coruña es una ciudad muy **bonita** .

1   En México tenemos museos muy ....

2   México tiene una cultura muy...... .

3   Barcelona tiene un clima muy ....

4   La ciudad no es muy ...... ni muy ....

Actividad 2.2

Atando cabos

Using 'muy' and 'bastante'

Muy and *bastante* are commonly used adverbs which express degree or quantity. *Muy* means 'very' and *bastante* means 'fairly', 'rather' or 'quite'. They can be followed by an adjective or by certain adverbs.

muy + adjective:	*muy* + adverb:
Es una ciudad muy bonita.	Me acuesto muy tarde.
Tiene museos muy interesantes.	
bastante + adjective:	*bastante* + adverb:
La ciudad es bastante pequeña.	Me levanto bastante temprano.
Los museos son bastante grandes.	

Muy and *bastante* can be used with some adverbs, most usually with the following:

cerca *near*	lejos *far*
Vivo muy cerca de la estación.	El aeropuerto está bastante lejos.
rápido *fast*	despacio *slowly*
Elena habla muy rápido.	Tomás camina muy despacio.
temprano *early*	tarde *late*
Me levanto muy temprano.	Me acuesto bastante tarde.

pronto *soon*	mal *badly*
Espero verte muy pronto.	Miguel se portó bastante mal.
I hope to see you very soon.	*Miguel behaved rather badly.*
bien *well*	
Hablas español muy bien.	

Listen to Extract 8 on the Activities Cassette and answer the questions according to the prompt.

Escuche el Extracto 8 en la Cinta de actividades y conteste las preguntas.

Ejemplo

You hear: *¿Cómo es Santiago?*

You hear a prompt in English: 'Say that Santiago is very beautiful.'

You answer in Spanish in the gap provided.

You hear a model answer so you can check how well you did: *Santiago es muy bonito.*

Actividad 2.3

Atando cabos

The suffix '-ísimo, -ma'

The suffix *-ísimo, -ma* can be used in Spanish to intensify the meaning of an adjective.

>   *It's really easy*   Es facilísimo

>   *It's extremely difficult*   Es dificilísimo

>   *It's extremely interesting*   Es interesantísimo

>   *It's really funny*   Es divertidísimo

If the base adjective ends in a vowel, the final vowel is dropped and the suffix is then added. The suffix agrees in gender and number with the noun described (see *Actividades 1.3* and *1.4*).

>   En México hay museos interesantísimos.

>   Esta actividad es dificilísima.

1   Read the following dialogue:

Lea este diálogo:

– Barcelona es una ciudad muy bonita.

– Sí, es preciosísima.

The second speaker expresses their agreement by using an adjective (*preciosísima*) with the same meaning as *muy bonita*, used by the other person.

2   Listen to Extract 9 on the Activities Cassette, where you will hear statements similar to the one in step 1. Using the adjective provided in the prompt, agree with each statement as in the dialogue you read.

Escuche el Extracto 9 en la Cinta de actividades y complete los diálogos.

Actividad 2.4

In this activity you are going to listen to some Mexicans comparing Veracruz, a port on the Gulf of Mexico, with Jalapa, the capital of the State of Veracruz. Remember that you are not expected to understand everything the first time you listen.

1   Listen to Extract 10 on the Activities Cassette, which is the beginning of the Mexicans' conversation. Concentrate on the way the speakers talk. Are they having a discussion among friends? Are they joking or being serious? How can you tell?

Escuche el Extracto 10 en la Cinta de actividades. Concéntrese en los hablantes y en cómo hablan. ¿Es una discusión entre amigos? ¿Están bromeando o están hablando en serio?

2 Now listen to Extract 11, which is the complete conversation. Say whether each of the following expressions applies to Veracruz and the *veracruzanos* or Jalapa and the *jalapeños*. Note that Veracruz, a port, is often referred to simply as *el puerto*.

Escuche el Extracto 11 y decida si cada expresión se refiere a Veracruz y los veracruzanos o a Jalapa y los jalapeños.

(a) Es una ciudad más grande.

(b) Se sienten superiores.

(c) Está llena de comerciantes.

(d) Allá está centralizado todo el poder.

(e) Hay más lugares de diversión.

(f) Son muy abiertos y pachangueros.

(g) Es más cultural.

(h) Es un pueblo muy religioso.

(i) Es un pueblito muy pintoresco.

(j) Es una ciudad muy limpia.

(k) Son muy regionalistas.

3 The above expressions are all used for talking about places. Start a section in your *Diario* called *Descripciones de lugares* where you can record new words and phrases to talk about places. Instead of writing the Spanish word with its English translation, enter the Spanish word (with its masculine and feminine endings if applicable), its part of speech (e.g. noun, adjective), an example of the word used in context, and an explanation in Spanish of its meaning.

Escriba en su Diario las palabras y expresiones de la lista que le parecen útiles.

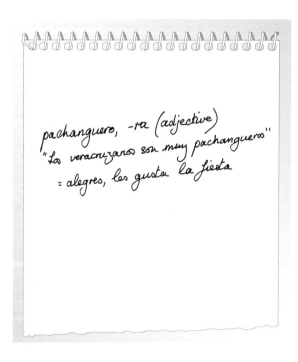

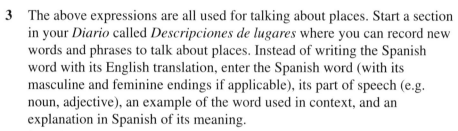

4 Listen to Extract 11 again and tick whether, according to the speakers, each of the following statements is true or false.

Escuche el Extracto 11 una vez más y decida si, de acuerdo con los hablantes, las siguientes frases son verdaderas o falsas.

	Verdadero	Falso
(a) Veracruz es más grande que Jalapa.	❑	❑
(b) En Jalapa hay tanto comercio como en Veracruz.	❑	❑
(c) A los veracruzanos les gustan más las fiestas que a los jalapeños.	❑	❑
(d) Veracruz tiene más actividades culturales que Jalapa.	❑	❑
(e) Los veracruzanos son menos regionalistas que los jalapeños.	❑	❑

Actividad 2.5

Atando cabos

Making comparisons

In *Actividad 2.4*, you came across many points of comparison between Jalapa and Veracruz. The following sentences include some of the structures used in Spanish for making comparisons:

>Jalapa tiene **más** museos **que** Veracruz.

>Veracruz es **más** comercial **que** Jalapa.

>Jalapa tiene **menos** vida **que** Veracruz.

>Veracruz es **menos** religioso **que** Jalapa.

>Veracruz es **tan** bonito **como** Santiago.

>Veracruz tiene **tanto** comercio **como** La Coruña.

Here is a summary of how to form the comparative:

superiority (more than)	más ... que	La Coruña es **más** bonita **que** Santiago. Jalapa tiene **más** arte **que** Veracruz.
inferiority (less than)	menos ... que	Los veracruzanos son **menos** creídos **que** los jalapeños. En Santiago hay **menos** industria **que** en La Coruña.
equality	tan + *adjective* + como tanto(s) / tanta(s) + *noun* + como	Los jalapeños son **tan** regionalistas **como** los veracruzanos. En Santiago hay **tantos** monumentos **como** en Veracruz. En La Coruña hay **tanta** actividad **como** en Veracruz.

Very often one part of the comparison is left out, when it is obvious or understood:

> Veracruz es más grande (que Jalapa).
>
> Jalapa es más cultural (que Veracruz).
>
> En La Coruña hay menos monumentos (que en Santiago).
>
> En Jalapa no hay tanto comercio (como en Veracruz).

As in English, there are some irregular comparative forms in Spanish: *mejor, peor, mayor* and *menor*:

> bueno, -na   mejor
>
> malo, -la   peor
>
> grande   mayor (*or* más grande)
>
> pequeño, -ña   menor (*or* más pequeño, -ña)

Here are some examples:

> Está mejor la disco de Jalapa que la de Veracruz.
>
> En industria y servicios, Santiago es peor que La Coruña.
>
> Veracruz es mayor que Jalapa.
>
> El número de estudiantes es menor en La Coruña que en Santiago.

Mayor and *menor* also mean 'older' and 'younger':

> Juan tiene 25 años. María sólo 20.
>
> Juan es mayor que María. María es menor que Juan.

Use the information in each pair of sentences to write an appropriate comparison, starting with the words in bold.

Mire cada par de frases y haga las comparaciones adecuadas.

Ejemplo

El jalapeño es regionalista. El veracruzano no tanto.
El jalapeño es **más** regionalista **que** el veracruzano.

1   **En Jalapa** hay altares. En Veracruz no hay tantos.

2   **Santiago** tiene 150.000 habitantes. La población de La Coruña es de 250.000.

3   **La Universidad** de Santiago es importante. La de La Coruña no tanto.

4   **Jalapa** es un pueblo muy religioso. Veracruz es poco religioso.

5   **En La Coruña** no hay muchos monumentos. En Santiago hay muchos.

6   **Felipe** tiene 35 años. Su hermana Ana tiene 25.

Actividad 2.6

1 In Extract 11, you heard a very easy way of comparing places: using the place names or the adverbs *aquí* or *allá* in separate, contrasting sentences:

$\begin{cases} \text{Aquí} \\ \text{En Veracruz} \end{cases}$ la gente trabaja con el cuerpo;

$\begin{cases} \text{allá} \\ \text{en Jalapa} \end{cases}$ se sientan en un escritorio.

Go to pages 13–14 of the Transcript Booklet and find sentences with this structure. Copy them out, adding in brackets any part of the comparison that has been left out (see p. 42) as in the example:

... allá en Jalapa son muy creídos, (aquí no).

Busque frases similares en el Cuadernillo de transcripciones.

2 Now write sentences with this structure comparing a place you know with another town or city.

Escriba frases similares comparando el lugar donde vive usted con otro sitio.

Ejemplo: Comparación entre Buckingham y Milton Keynes

Aquí en Buckingham no hay muchas tiendas; allá hay un centro comercial muy grande. Aquí no hay cines, allá sí...

Actividad 2.7

Atando cabos

The superlative

In English, the following are examples of the superlative:

Mexico City is **the largest** city in Latin America.

Mexico City's *Museo Nacional de Antropología* is **the most famous** museum in the country.

The least interesting tourist attraction in Veracruz is its beaches.

In Spanish, the superlative is formed as follows:

Definite article	Noun	más / menos	Adjective	
la	ciudad	más	grande	de América Latina
el	museo	más	famoso	del país
la	atracción turística	menos	interesante	de Veracruz

The adjectives *bueno, malo, grande* and *pequeño* have irregular superlatives:

> bueno, -na → el/la mejor
>
> malo, -la → el/la peor
>
> grande → el/la mayor (*or* el/la más grande)
>
> pequeño, -ña → el/la menor (*or* el más pequeño / la más pequeña)

Here are some examples:

> *Elena es la mejor de su clase.*   Elena is the best in her class.
>
> *Es el peor partido de fútbol de la temporada.*   It's the worst football match this season.
>
> *Tenemos el mayor problema de tráfico de Europa.*   We have the biggest / worst traffic problem in Europe.
>
> *Tenemos el menor número de parados del país.*   We have the lowest unemployment rate in the country.

Note that:

- *el/la mayor* can also mean 'the eldest':

    Marta es la mayor de sus hermanas.

- *el/la menor* can also mean 'the youngest':

    Alejandro es el menor de los tres hijos.

Here's a quiz to test your general knowledge. For each picture, form a question containing a superlative and the noun and adjective given. Then select the correct answer from the options given and write it in a full sentence. The first one has been done for you.

Haga este test de cultura general.

1   océano / grande

Pregunta: ¿Cuál es el océano más grande?

el Pacífico   ❑

el Atlántico   ❑

el Índico   ❑

Respuesta: El océano más grande es el Pacífico.

2   animal / rápido

el guepardo   ❑

el antílope   ❑

el lobo   ❑

3

capital / alta

Madrid ❑

La Paz ❑

Ginebra ❑

4

río / largo

el Nilo ❑

el Danubio ❑

el Amazonas ❑

5

felino / grande

el tigre ❑

el león ❑

el puma ❑

6

país latinoamericano / extenso

Argentina ❑

Brasil ❑

Bolivia ❑

Actividad 2.8

To check that you have understood all the work in this session, complete the following sentences. Use the words in brackets when appropriate.

Complete las siguientes frases usando las palabras entre paréntesis cuando sea necesario.

1 *La Monalisa* es ...... cuadro ...... famoso ...... mundo.

2 *El Guernica* también es ...... conocido.

3 Brasil es ...... país ...... extenso ...... América del Sur.

4 El AVE es un método de transporte .... (rápido)

5 La Torre Eiffel es ...... monumento ...... visitado ...... Europa.

6 ¿Cuál es ...... ciudad ...... visitada...... México?

7 El chino es una lengua .... (difícil)

8 México DF es una de ...... ciudades ...... contaminadas ...... Hispanoamérica.

9 El Everest es una montaña .... (alta)

10 El Tajo es un río ...... largo.

45

Sesión 2   Comparación de personas

In this session you are going to revise vocabulary about the family and practise comparing people's appearance and character.

Actividad 2.9

1   Watch the video sequence from 06:59 to 07:51. Note down five of the words Gloria Álvarez de Cachón uses to identify her relatives (e.g. the Spanish for 'father').

Vea la secuencia de vídeo desde 06:59 hasta 07:51. Concéntrese en las palabras que usa Gloria Álvarez de Cachón para identificar a sus parientes.

2   Watch the video sequence again and complete Gloria's family tree, giving the first name of each person and their relationship to Gloria. Use the Transcript Booklet if necessary.

Vuelva a ver la secuencia de vídeo y complete el árbol genealógico de Gloria. Si es necesario, use el Cuadernillo de transcripciones.

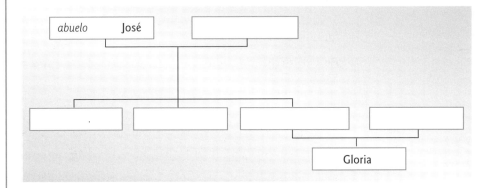

3   The words in the box refer to other members of the family. Choose the appropriate one to complete each of the sentences below, using the dictionary if necessary:

La lista que sigue contiene más términos de parentesco. Complete las frases siguientes:

> bisabuelo, cónyuge, cuñado, nuera, prima, sobrinos, suegra, yerno

(a) Mi marido es mi ....

(b) El padre de mi abuela es mi ....

(c) Los hijos de mi hermana son mis ....

(d) El hermano de mi cónyuge es mi ....

(e) La esposa de mi hijo es mi ....

(f) La hija de mi tía es mi ....

(g) El marido de mi hija es mi ....

(h) La madre de mi esposa es mi ....

4   Draw your own family tree using as many of the words for relatives as possible. Use it to practise describing your family orally as Gloria does. Use *se parece a* when appropriate.

Haga su propio árbol genealógico utilizando tantos términos de parentesco como pueda. Use su árbol genealógico para describir a su familia como lo hace Gloria. Use 'se parece a' cuando sea apropiado.

Sabía Ud. que...

En Hispanoamérica las mujeres casadas con frecuencia adoptan el apellido del esposo precedido de 'de' después del apellido de su padre. Cuando Gloria Álvarez Pérez se casa con Salvador Cachón, se convierte en Gloria Álvarez de Cachón.

Cuando el esposo muere, algunas mujeres insertan la palabra 'viuda' antes del 'de'.

En la actualidad las mujeres españolas tienden a conservar su apellido de solteras.

Actividad 2.10

In this activity you are going to listen to some general descriptions of Mexicans and Peruvians. Before you listen, reread the notes in the *Descripciones de personas* section of your *Diario*.

1   Watch the video sequence (07:53–08:56) and listen for words used to describe Mexicans. List as many as you can under the headings in the table below.

Vea la secuencia de vídeo (07:53–08:56). Escriba expresiones que describen a los mexicanos.

	Apariencia física	Carácter
Los mexicanos	morenos… blancos	
Los peruanos		celoso(s) de sus propiedades

2   Now watch the next video sequence (08:57–09:45), this time concentrating on the words used to describe Peruvians. List as many as you can under the headings in the table above.

Vea la secuencia de vídeo (08:57–09:45) y esta vez concéntrese en las expresiones que describen a los peruanos.

3   Now it's your turn to speak. Think about people of two nationalities that you know well (Spanish and British, or British and Australians, for instance). In a table like the one on page 47, make some notes on their general characteristics. Then, using the structures you have learned so far in this *unidad*, make up sentences comparing the two nationalities and say them out loud. Try not to write out the sentences in full before you say them.

Haga notas sobre las características de personas de dos nacionalidades (los españoles y los británicos, o los británicos y los australianos, por ejemplo) y luego compare oralmente las dos nacionalidades.

Actividad 2.11

In the next activity, you will have to read a Spanish magazine article. Before you do that, read the section on 'Reading' on pages 23–4 of the Study Guide, where you'll find advice on reading strategies.

Lea la sección 'Reading' en la guía del estudiante.

Actividad 2.12

In this activity you are going to look at some statistics from a magazine article about different Spanish-speaking countries.

1   Skim the article (p. 49) to get the gist. Don't try to understand everything. Choose the heading that best fits the main theme of the text:

Lea el artículo (pág. 49) acerca de la comunidad hispanohablante y escoja la opción que mejor describe el tema del texto:

(a) la corrupción de los países hispanohablantes   ❏

(b) las cosas que unen a los hispanohablantes   ❏

(c) el idioma español   ❏

(d) cómo son los hispanohablantes   ❏

(e) la integración de los hispanohablantes en otros países ❏

¿CUÁNTO LES PREOCUPAN LOS SIGUIENTES TEMAS A LOS HISPANOHABLANTES?

Principales problemas del país

Datos en %	La corrupción en el Estado	La falta de recursos económicos	La violencia y la inseguridad
España	54	20	29
Bolivia	35	16	2
Colombia	69	16	59
Costa Rica	42	31	40
Ecuador	42	11	10
México	63	28	27
Perú	28	33	27
Uruguay	38	53	33
Venezuela	83	28	43

Datos en %	La falta de empleo	La educación insuficiente	El elevado coste de la vida
España	64	18	27
Bolivia	28	10	3
Colombia	50	31	30
Costa Rica	22	17	39
Ecuador	18	5	11
México	49	44	34
Perú	61	19	31
Uruguay	55	43	60
Venezuela	27	31	26

La revista *Cambio 16* realizó una encuesta para averiguar qué une a los países de habla española, qué vínculos existen que les permitan tanto a los españoles como a los hispanoamericanos usar el término común, iberoamericanos. *Cambio 16*, con la ayuda de investigadores en España, Bolivia, Colombia, Costa Rica, Ecuador, México, Perú, Uruguay y Venezuela, buscó la opinión de un grupo representativo de hispanohablantes para averiguar cómo son los iberoamericanos realmente: qué sienten, qué los une y los separa; si viven satisfechos en sus países y con sus sistemas de gobierno; si se aprecian, si se sienten unidos o quieren estarlo, etc. La mayoría de los entrevistados reconocieron que el vínculo principal es el idioma y que la religión juega un papel muy importante en la comunidad; les preocupa la corrupción y la economía, y no les importa mucho la integración entre los países. No creen que las cosas vayan a mejorar debido a la corrupción del Estado, el desempleo y la violencia.

(gráficas basadas en las del artículo de la revista *Cambio 16*, 14 febrero 1994)

2 What does the Spanish-speaking community worry about? Use the information in the charts on page 49 to make complete sentences as in the examples. The words in the box will give you the adjectives for the nationalities.

¿Qué les preocupa a los hispanohablantes? Analice las tablas y escriba frases completas siguiendo los ejemplos:

Ejemplos

La falta de empleo (España / Ecuador)
A los españoles les preocupa **más** la falta de empleo **que** a los ecuatorianos.

La corrupción en el Estado (Perú / Venezuela)
A los peruanos les preocupa **menos** la corrupción en el Estado **que** a los venezolanos.

Bolivia boliviano, -na;	Colombia colombiano, -na;
Costa Rica costarricense;	Ecuador ecuatoriano, -na;
México mexicano, -na;	Perú peruano, -na;
Uruguay uruguayo, -ya;	Venezuela venezolano, -na

(a) El elevado coste de la vida (Venezuela / Uruguay).

(b) La violencia y la inseguridad (Bolivia / España).

(c) La corrupción en el Estado (Perú / México).

(d) La educación insuficiente (Colombia / Venezuela).

(e) La falta de recursos económicos (Costa Rica / Ecuador).

Sesión 3   Copito de Nieve

In this session you are going to listen to *Copito de Nieve*, the first episode of the Audio Drama.

LA TRAMA

Una pareja vive en Madrid con su hija, que es estudiante universitaria. El padre es profesor y la madre ama de casa. El abuelo paterno viaja a Madrid desde su pueblo en el campo para visitar a la familia.

Actividad 2.13

1 Listen to the whole of the first episode on the Audio Drama Cassette and insert the characters' names, their relationships and the setting in the form below. Don't look at the transcript.

Escuche el primer episodio del radiodrama sin leer el Cuadernillo de transcripciones. Escriba los nombres de los personajes, su parentesco, y dónde tiene lugar la historia.

Copito de Nieve

Personajes

La familia Mochales

Don Zacarías   *abuelo de Rosita*

. . . . . .

. . . . . .

. . . . . .

. . . . . .

Situación:

La historia se desarrolla en . . . . . .

---

2 Below is a list of five statements summarizing the first episode. Listen to the episode again and put them in the order in which they occur.

Aquí tiene cinco frases que resumen el primer episodio. Póngalas en el orden correcto.

(a) Don Zacarías llega a la estación y su hijo le está esperando. ❏ *1*

(b) Rosita ayuda a su madre a preparar la habitación para el abuelo. ❏ *3*

(c) Isabel se indigna al encontrar que don Zacarías tiene una oveja en su habitación. ❏ *5*

(d) Carlos ayuda a su padre a poner las maletas en el coche. ❏ *2*

(e) Isabel le confiesa a su hija que no se siente bien. ❏ *4*

HISPANOAMÉRICA

En Hispanoamérica es común utilizar los títulos 'don' y 'doña' con el nombre de la persona como señal de respeto a las personas mayores. Note cómo Isabel llama a su suegro 'don Zacarías', mientras que Zacarías la llama simplemente 'Isabel'.

Actividad 2.14

In this activity, you're going to concentrate on your pronunciation and fluency. You will listen in detail to a short section of the Audio Drama, and work on how Spanish speakers run words together.

1   Read the following passage from the Audio Drama, in which Carlos meets Zacarías at the station. At the same time, listen to Extract 12 on the Activities Cassette, where it has been recorded. As you listen, pay attention to the way some words are run together, while others are separated by a pause.

Escuche el Extracto 12 en la Cinta de actividades y fíjese cómo algunas palabras se pronuncian agrupadas, y otras se separan con pausas.

Carlos   ¿Cuáles son tus maletas?

Zacarías   Todas ésas que lleva el mozo son mías.

Carlos   ¿Qué? ¿Todas esas maletas son tuyas?

Zacarías   ¿Qué quieres, hijo? ¡No vengo sólo por unos días!

Carlos   Pero, papá, ¿dónde vamos a meter tantas cosas?

2   Listen to Extract 12 again, and mark the pauses with a slash (/) on the transcript.

Vuelva a escuchar el Extracto 12, marcando en la transcripción los lugares donde hay pausas.

3   Now listen to Extract 13 on the Activities Cassette, in which the dialogue has been recorded again with pauses after each line. Repeat each line out loud, paying particular attention to running words together as the actors do. Repeat this step several times until you are satisfied.

Ahora escuche el Extracto 13 en la Cinta de actividades y repita cada frase.

4   Now you are going to have a go at acting! Learn Zacarías's lines by heart, then listen to Extract 14 on the Activities Cassette, where Carlos's part is recorded, and play Zacarías's part without reading from the transcript. Although you might find this type of activity difficult at first, it will help you to speak more fluently and confidently.

Apréndase de memoria el papel de Zacarías y represente su papel siguiendo el Extracto 14 en la Cinta de actividades.

Actividad 2.15

Atando cabos

Affective suffixes: Diminutives

Episode I of the Audio Drama had a number of examples of diminutive suffixes (you also came across these in *Actividad 1.19*). Such suffixes are very common in Spanish. They convey the idea of small size and/or a feeling of affection.

> ¡Ros**ita**, mi niña!
>
> La familia vive en un piso normal**ito**.
>
> ¡Sí es una ovej**ita**!

Diminutive suffixes can be added to nouns (including proper nouns), adjectives and some adverbs. The following table shows how diminutives are formed.

Base word ending	Base word	Diminutive
-o or -a	oveja gordo	ovej**ita** gord**ito**
consonant except -n or -r	normal Isabel	normal**ito** Isabel**ita**
-e, -n or -r	café canción amor	cafe**cito** cancion**cita** amor**cito**
Nouns or adjectives of one syllable	flor pan	flor**ecita** pan**ecito**

To form the plural, add '-s' to the diminutive suffix.

Many adverbs have a diminutive form, which makes them a little more emphatic in meaning:

> cerca: cerquita   *very near*
>
> despacio: despacito   *nice and slowly*
>
> temprano: tempranito   *nice and early*
>
> bajo: bajito   *very quietly*

Note that when *bajo* is an adjective, it also means 'short'.

Read pages 208–9 of the Spanish Grammar for more details and examples of affective suffixes.

1   In some regions, especially in Spanish America, which diminutive suffix to use (-*ito* or -*ico*) is determined by the base word ending. (In other regions, either suffix is used.) Work out the rule from the following columns of words:

Mire las siguientes palabras y trate de deducir la regla para el uso de '-ito', '-ico':

gata   gatica   pico   piquito

pato   patico   hora   horita

rato   ratico   mono   monito

minuto   minutico   pozo   pocito

plata   platica   poco   poquito

2   Diminutives are not given as head words in the dictionary, so if you need to look one up, you have to be able to work out what its base word is. In the following sentences, give the base word of each diminutive as in the example.

En las frases siguientes dé la palabra primitiva de cada diminutivo.

Ejemplo

El señor llevaba un sombrerito: sombrero

(a) ¿Tienes una cajita para mis joyas?

(b) Esta novela es muy cortita / cortica.

(c) Ésta es la historia del patito / patico feo.

(d) El jardín es muy pequeñito.

(e) La gata tuvo gatitos / gaticos.

HISPANOAMÉRICA

En Hispanoamérica es muy corriente decir 'ahorita' en vez de 'ahora'.

Actividad 2.16   Diminutives are often found in traditional fairy tales. Do you recognize the following titles?

¿Reconoce estos cuentos de niños?

1   Caperucita Roja

2   Blancanieves y los siete enanitos

3   Juanito y las habichuelas mágicas

4   Los tres cerditos y el lobo feroz

5   ¿Qué hace el ratoncito Pérez con los dientes?

6   Pulgarcito

7   El patito feo

Actividad 2.17

Atando cabos

Affective suffixes: Augmentatives

The augmentative suffixes *-ón, -ote, -azo* and their corresponding feminines and plurals are used to convey large size, sometimes with a negative or pejorative connotation. The following two examples are based on the Audio Drama:

> Zacarías lleva un **maletón** viejo.

> Deja que te lleve esa bolsa tan **grandota**.

The suffix *-azo* can be used to convey appreciation. In the discussion about Jalapa and Veracruz, one of the speakers said:

¡Qué padre! (Mex) Great!

> Veracruzazo, ¡qué padre!

The speaker uses the augmentative here to mean that Veracruz is a great place.

Here are some more examples of this use of the suffix *-azo*:

> ¡Qué maridazo!

> La final entre el Barça y Manchester United fue un partidazo.

> Este Rioja es un vinazo.

Translate the words in bold in the following newspaper headlines into English. Concentrate on finding a good translation of the meaning conferred by the suffix.

Lea los titulares y traduzca los aumentativos y diminutivos al inglés.

2 **CERQUITA** DE TI, EL NUEVO SINGLE DE LA CANTANTE ANABEL

1 # ATLÉTICO DE MADRID: UN **GOLAZO** EN EL ÚLTIMO MINUTO

3 La Lotería nacional lanza el **Cuponazo**

4 Se casa **Rosita**, hija de la famosa actriz Lola del Rey

Pronunciación

As you may have noticed in the audio material, in Spanish the letters 'b' and 'v' are pronounced the same, i.e. /b/. Do the exercises in *Práctica 2* of the Pronunciation Practice Cassette and Booklet on this important aspect of Spanish pronunciation.

Del dicho al hecho

There are many ways you can come into contact with authentic Spanish:

- tune into a Spanish radio station, such as Radio Nacional de España;
- if you have cable or satellite TV, you might be able to watch Televisión Española (TVE) or other Spanish channels;
- TV channels, cinemas and film clubs occasionally show sub-titled Spanish films;
- there are many materials available via the Internet; try the website of the Instituto Cervantes (http://www.cervantes.es).

Unidad 3 Estilos de vida

In the previous two *unidades* you have been practising ways of describing and comparing people and places. In this *unidad* you will explore further contrasts, this time between people's customs, lifestyles and opinions.

Learning Objectives

By the end of this *unidad* you should be able to:

- Talk about things you do regularly;
- Give detailed information about daily routines;
- Talk about and compare diverse lifestyles.

Key Learning Points

Sesión 1

- Revising pronominal (reflexive) verbs.
- Revising and expanding knowledge of adverbial expressions of time and frequency.
- Revising and expanding vocabulary relating to daily routines.

Sesión 2

- Practising negative sentences to describe contrasting routines.
- Practising using connectors that indicate contrast.
- Revising and expanding vocabulary relating to town and country.

Sesión 3

- Revising and expanding knowledge of indefinite pronouns referring to people.
- Giving reasons and justifications for opinions.
- Revising and expanding vocabulary relating to transport.

Study chart

Activity	Timing (minutes)	Learning point	Materials
		Sesión I *Día a día*	
3.1	20	A day in the life of...	Video
3.2	35	Time expressions used to describe daily routines	Video
3.3	25	Expressions of frequency	
3.4	5	Writing about your own daily routine	
3.5	45	Pronominal verbs used to talk about daily routines	Video
3.6	15	Talking about your own daily routine	Activities Cassette
		Sesión 2 *Cada uno a lo suyo*	
3.7	30	Describing places	Activities Cassette
3.8	30	Contrasting places	
3.9	30	Comparing customs in different countries	Activities Cassette
3.10	15	Using *soler* and *acostumbrar* to talk about habitual actions	
3.11	15	Writing an informal letter	
	10	**Pronunciation**: vowel sounds	Pronunciation Practice Cassette and Booklet
		Sesión 3 *¡Qué atasco!*	
3.12	25	Vocabulary relating to traffic	
3.13	20	Using link words: *la encuesta*	
3.14	30	Indefinite pronouns and collective nouns	
3.15	20	Traffic problems and solutions	Video
3.16	15	Reading for specific information	
3.17	10	Study skills: using mind-maps to record vocabulary	Study Guide
	10	**Pronunciation**: diphthongs	Pronunciation Practice Cassette and Booklet

Sesión 1   Día a día

In this session most of the activities are based on the video. You will hear two women talking about a typical working day. Both are doctors; however their working days are very different.

Actividad 3.1

1   Read the expressions in the box, which are all tasks a doctor might perform, and make sure you understand them.

Lea estas expresiones relacionadas con las actividades diarias de los médicos.

> ver a los pacientes en la consulta
> visitar a los pacientes en casa
> pasar visita en salas específicas del hospital
> responder a las llamadas de urgencia
> recetar medicinas
> dar clases de orientación

2   Adapt the expressions from the box above to complete the captions to the drawings.

Adapte las expresiones del recuadro y complete las frases que acompañan los dibujos.

(a) El doctor Ramos *ve* a Olga en la consulta.

(b) La doctora Villar ...... en la sala de niños del hospital.

(c) El doctor Gómez ..... doña Rosa .....

(d) La doctora de la Peña ..... para el dolor de cabeza.

(e) El médico ..... rápidamente .....

(f) La doctora Ibarra ..... de planificación familiar por las tardes.

3   Now watch the video sequence (09:49–12:33). You don't need to understand every single word, just try to get the gist of it. Note down two or three activities each doctor does. We will look at them in more detail in *Actividad 3.2*.

Vea toda la secuencia de vídeo (09:49–12:33) y trate de entender en general de qué trata. Escriba dos o tres actividades que cada doctora realiza.

Actividad 3.2

In this activity you are going to concentrate on the expressions of time which often accompany the description of daily routines.

1   Read the table below, then watch the video from 09:49–11:18 and fill in the table with the time at which Martha Morales performs each task.

Lea las actividades del recuadro. Vea la secuencia de vídeo 09:49–11:18 y anote las expresiones de tiempo para cada actividad.

Actividades	Expresiones de tiempo
Pasar visita en algunas salas específicas	de las nueve a las once
Labores docentes	2 pm →
Revisar/visitar los ingresos	
Reunión	11 – 12
Recibir la guardia de las últimas veinticuatro horas	7 - 30
Actividades del comité de calidad	12

2   Every working day is more or less the same for Martha Morales. Read her diary for Monday and write a short description in Spanish of what she does during a normal working day. Remember to use the time expressions you have seen above.

Start your description with:

> La doctora Martha Morales trabaja en el Centro Médico Nacional Siglo XXI. Empieza a trabajar a las...

Lea la agenda de Martha Morales y escriba lo que hace normalmente en un día laboral.

18 febrero

lunes

7   7.30 recibir guardia
8   8   visitar ingresos
9   ⎱ visitar sala de pediatría
10 ⎰
11 11-12 reunión Comité
12   de calidad
1
2   ⎱
3   ⎰ 2-5 Clase de planificación familiar
4
5

3 Complete these sentences with the appropriate time expressions from the box.

Complete las frases con las expresiones de tiempo del recuadro.

> a, en, de, a, a partir de, hasta, por, de

(a) Empiezo a trabajar ...... las siete y media.

(b) Vemos a los nuevos pacientes ...... una hora.

(c) ...... once ...... doce tenemos reunión.

(d) ...... las dos de la tarde y ...... las dieciséis horas nos dedicamos a tareas educativas.

(e) ...... la tarde normalmente damos clases de orientación.

(f) Diariamente acabamos las clases a las cinco ...... la tarde.

4 What time do you start your daily activities? Write five sentences about your daily routine. Don't forget to use some of the time expressions you have studied! Then read the sentences out loud until you are satisfied with your reading. You could also record your answers so that you can monitor your performance better.

Y usted, ¿a qué hora empieza su día? Escriba cinco frases sobre lo que hace a diario utilizando expresiones de tiempo. Después léalas en voz alta.

Ejemplo

Empiezo a trabajar a las nueve de la mañana. De nueve a diez…

Actividad 3.3

1 Read the following passages and underline the words which indicate frequency.

Lea los textos y subraye las palabras que indican frecuencia.

<u>Normalmente</u> voy al hospital en coche, es más cómodo. Por la mañana <u>siempre</u> estoy en el hospital, visitando enfermos, pasando consulta, y, <u>a veces</u>, atendiendo urgencias, pero <u>nunca</u> opero. <u>Generalmente</u> receto medicinas como parte del tratamiento y <u>casi nunca</u> mis pacientes tienen que ir al cirujano para una operación.

Martha Morales, Centro Médico Nacional Siglo XXI

gripa (SpAm)
gripe (Sp)
plática (Mex)
charla (Sp)

Yo <u>casi siempre</u> voy a trabajar en bicicleta, no vivo muy lejos del Centro, y así hago deporte. <u>Casi nunca</u> atiendo casos graves, la mayoría de las veces son casos de resfriado, gripa, dolor de cabeza, etc. En <u>algunas</u> ocasiones tenemos casos graves, entonces los mandamos a un centro de tercer nivel como el Centro Siglo XXI. <u>A menudo</u> me ocupo de dar pláticas de planificación familiar.

Elisabeth Ceballos

2   Check your answers to step 1 in the *Clave*, then order the expressions from the one that expresses the greatest frequency to the one that expresses the least.

Ahora coloque las expresiones de frecuencia que ha subrayado en una lista de la más frecuente a la menos frecuente.

Atando cabos

Expressions of time and frequency

You have come across several time expressions so far in this session.

To say something happens at a particular time, use:

> a las once de la mañana
>
> a las cinco de la tarde
>
> de tres a cuatro
>
> a partir de las seis
>
> hasta las ocho y media
>
> por la mañana
>
> por la tarde
>
> por la noche

To say how frequently something happens, use:

> siempre
>
> casi siempre

la mayoría de las veces / normalmente / generalmente

a menudo

en algunas ocasiones / a veces / casi nunca

nunca

Here are more expressions which express frequency:

todos los días / meses / años

todas las semanas / tardes

algunos días / algunas tardes / algunas noches

una vez al año / a la semana

dos veces al mes / al año

dos veces cada tres meses / años

de vez en cuando   *from time to time*

Here are some examples of the expressions used in context:

Hago la compra en el mercado **todas las semanas**, pero **a veces** compro en el supermercado.

Voy de vacaciones a Ibiza **una vez al año**.

Me lavo los dientes **dos veces al día**.

3   Start a new section in your *Diario* called *Expresiones temporales y de frecuencia* and record a brief summary of the different time and frequency expressions with some examples.

Anote las expresiones temporales y de frecuencia en su Diario.

Actividad 3.4

Write five sentences describing how often you do certain activities. Try to use a wide variety of the expressions of frequency you have just learned. Then read them aloud several times and record yourself if you want to.

Escriba cinco frases expresando con qué frecuencia realiza algunas actividades. Intente utilizar varias expresiones de frecuencia.

Ejemplo

Siempre voy a trabajar en tren, es más caro pero más rápido.

Actividad 3.5

In the next video sequence two people will describe their daily routines.

1   Watch the video sequence from 12:35–13:40 and listen to the two women describing their typical day. Don't make any notes, and try to memorize three things that they each do.

Vea la secuencia de vídeo (12:35–13:40) y memorice tres actividades de la rutina en un día normal de las dos personas.

2 Complete the following sentences from memory, using the first person singular of the verb, and then watch the video sequence again to fill in the actions you hadn't memorized.

¿Se acuerda de lo que hacen estas dos personas normalmente? Complete las frases.

Primera señora

Me levanto a las ocho y media o a las nueve de la mañana.

...... el periódico mientras ......

...... un poquitín la casa.

...... a clase de alemán.

...... en casa al mediodía.

Y por la tarde ...... deporte.

Segunda señora

...... a las cinco.

...... y ...... a la oficina a las ocho.

Por las tardes ...... en una juguetería.

...... a casa alrededor de las ocho.

...... cualquier cosa ligera y ...... a dormir.

Atando cabos

Pronominal (reflexive) verbs

On the video, you heard the following verbs used to describe everyday actions:

> me levanto, me desayuno, me acuesto

desayunarse (SpAm)
desayunar (Sp)

They are verbs which are used with the reflexive pronouns: *me, te, se, nos, os, se.*

These verbs are called **pronominal** verbs because they always include a **pronoun** as well as the verb. These pronominal verbs are also reflexive, which means that the action is done by the subject to him or herself (a typical reflexive verb is *lavarse*, to wash **oneself**). In all pronominal verbs the pronoun changes according to the person, and the infinitive ends in **se** (for example *levantarse*). The infinitive form is the one you will find in the dictionary.

Levantarse, a typical pronominal verb, is conjugated as follows:

levantar**se**

me levanto	**nos** levantamos
te levantas	**os** levantáis
se levanta	**se** levantan

 For more information on pronominal (reflexive) verbs see pages 66–7 of the Spanish Grammar.

Actividad 3.6

1 Look up the following verbs in the dictionary and note the infinitive in Spanish. Which ones are pronominal (reflexive)?

Busque estos verbos en su diccionario:

(a) to do the washing up   (d) to do the shopping

(b) to have a shower   (e) to wake up

(c) to comb one's hair

2 *Despertarse*, *acostarse* and *dormirse* are all pronominal (reflexive) verbs which describe things we do every day. They are also radical changing verbs (see *Actividad 1.13*). Write out the full conjugation of *despertarse*, *acostarse* and *dormirse* in the simple present indicative.

Escriba las conjugaciones de 'despertarse', 'acostarse' y 'dormirse' en el presente del indicativo.

3 Now what about you? What is your daily routine? Answer the following questions about yourself. Then listen to Extract 15 on the Activities Cassette and answer them orally.

¿Qué hace usted normalmente? Conteste estas preguntas.

(a) ¿A qué hora se levanta normalmente?

(b) ¿A qué hora se levanta el fin de semana?

(c) ¿Y a qué hora se acuesta?

(d) Cuando se acuesta, ¿se duerme en seguida?

(e) Normalmente, ¿se ducha o se baña?

(f) ¿Cuántas veces por semana se lava el pelo?

(g) ¿Y va a la peluquería a menudo?

(h) ¿Cuántas veces por semana hace la compra?

(i) ¿Come en casa todos los días?

(j) ¿A qué hora cena normalmente?

Sesión 2   Cada uno a lo suyo

In this session we are going to compare and contrast places and lifestyles.

Actividad 3.7

1 You have just received the two postcards below from Spanish pen-friends. Look at them carefully and describe the two cities in Spanish. The expressions in the box may help you.

Acaba de recibir estas postales de dos amigos por correspondencia españoles. Mírelas con atención y describa las ciudades.

ciudad mediterránea

Barcelona

Orense

con mucha luz, gris, bulliciosa, cultural, provinciana, monumental, aburrida, bella, paisaje precioso, cosmopolita, apacible, con mucha naturaleza, segura, barata, moderna, alegre, artística, tranquila y silenciosa, ciudad mediterránea

2 Listen twice to Extract 16 on the Activities Cassette, in which two people talk about these cities, and make notes about the characteristics of each one.

Escuche el Extracto 16 en la Cinta de actividades dos veces y anote las características de cada lugar.

Ejemplo

Barcelona: con mucha luz

3 Add the expressions that you noted in step 2 to your lists of expressions from step 1.

Añada las expresiones del paso anterior a las listas de expresiones del paso 1.

4 Describe the two places orally. Record yourself if you can. Speak from notes. Start with:

Describa las dos ciudades oralmente. Empiece así:

Barcelona es una ciudad...

Actividad 3.8

Atando cabos

Expressing contrast

You have just been describing two very different places. There are several words and phrases in Spanish that are used to make contrasts. One of the most common ways of comparing and contrasting is to use the conjunction *pero*.

Orense es una ciudad tranquila **pero** también es interesante.

The phrases *en cambio* and *por el contrario* are used to contrast different things or people:

Barcelona es una ciudad cosmopolita, **en cambio** Orense es más provinciana.

Barcelona es una ciudad moderna y bulliciosa; **por el contrario**, la provincia de Orense es tranquila y apacible.

Sino is used, always after a negative, to mean 'not … but'. It can be followed by an adjective or by *que* + verb.

Orense no es una ciudad ruidosa **sino** tranquila.

Barcelona no es una ciudad aburrida **sino que** es interesantísima.

If we are contrasting two aspects of the same thing, we can use *sin embargo*:

En Barcelona hace mucho calor, **sin embargo** tiene un clima bastante malo, porque es un calor muy húmedo.

1 Read the extracts on page 70. They are from a brochure about some places you can visit in the *Comunidad Autónoma de Madrid (CAM)*. Don't worry if you can't understand all the vocabulary, but try to get a general idea of what each place is like. Make a few notes in Spanish about what you think they are like (for example *un lugar tranquilo, bullicioso, histórico, agrícola*).

Lea la información sobre algunos lugares que puede visitar en la Comunidad Autónoma de Madrid (CAM) (pág. 70) e indique qué tipo de lugares piensa usted que son.

2 Write sentences in Spanish describing and contrasting the different places, using the expressions in the box and the information given.

Ahora compare los lugares utilizando estas expresiones de contraste.

> pero, sino, en cambio, sin embargo, por el contrario

Ejemplos

Alcalá de Henares es una ciudad bulliciosa, **por el contrario** Rascafría es un pueblo tranquilo.

Aranjuez está en la vega de tres ríos, **en cambio** Rascafría está en la montaña.

El Escorial tiene muchos lugares de interés, como el Monasterio y El Valle de los Caídos, **pero** no tiene universidad.

Chinchón no es un lugar aburrido, **sino** interesante y divertido. Tiene monumentos típicos y muchas tabernas.

¿Sabía Ud. que...

El territorio español está dividido en comunidades autónomas o autonomías. Las siglas CAM corresponden a 'Comunidad Autónoma de Madrid'.

Las siglas en español se escriben con mayúsculas y sin puntos después de cada inicial. Muchas se leen como si fueran palabras, por ejemplo, la CAM se lee 'la cam' y no 'la ce – a – eme'.

En español el orden de las letras en siglas internacionales no es siempre el mismo que en inglés: en español se dice la OTAN, el SIDA, la ONU.

EL ESCORIAL (SIERRA SUR)

San Lorenzo del Escorial, grandes masas de veraneantes. Numerosos hoteles, comercios, restaurantes y bares de todo tipo. Camping y albergue juvenil.

Restos romanos y árabes.

Lugares de interés: Monasterio del Escorial, Santa Cruz del Valle de los Caídos.

Otras atracciones: Encarnación Benito (bordados tradicionales); Cañada Real (centro de naturaleza); granjas escuela (educación ambiental, rutas a caballo).

RASCAFRÍA (SIERRA NORTE)

Invierno severo, frecuentes nevadas, carreteras aisladas.

Viven de la montaña. Productos: madera, carne, leche y miel.

Lugares de interés: La Isla (monte de robledos); Taller Zalos de orfebrería metálica.

Otras atracciones: talleres de carpintería y ebanistería; bollería casera y natural; alquiler de caballos; esquí y otras actividades de nieve.

ALCALÁ DE HENARES (VALLE DEL HENARES)

Lugares de interés: Casa natal de Cervantes; Museo arqueológico y una de las universidades más antiguas de Europa, la Universidad de Alcalá.

Otras atracciones: Club juvenil Cisneros (aeromodelismo); Club Complutense (parapente); Club Alcalá (camping y caravaning); tiro con arco; cicloturismo.

Rascafría

El Escorial

Alcalá de Henares

Aranjuez

Chinchón

ARANJUEZ (ZONA SUR)

Vega de tres ríos. Zona agrícola y rural.

Lugares de interés: Palacio de Aranjuez (visita a palacio y jardines).

Otras atracciones: centro juvenil de turismo náutico; parque de bicicletas; tren de la fresa, las mejores fresas del país (información RENFE).

CHINCHÓN (ZONA SUR)

Magnífico ejemplo del urbanismo de la zona.

Lugares de interés: Castillo de los Condes (ahora Parador nacional), casas de nobles y señores (Casa de Cadena); Plaza Mayor con soportales, iglesias del siglo XVI, ermitas y conventos (clarisas, agustinas).

Otras atracciones: pruebe los anises en las muchas tabernas de Chinchón.

Actividad 3.9

Now you are going to listen to two women, one from Colombia and one from Spain, comparing the way of life in their countries.

1 Listen to Extract 17 on the Activities Cassette once and put the following topics in the order they discuss them:

Escuche el Extracto 17 en la Cinta de actividades una vez y ordene los siguientes temas según aparezcan:

(a) las comidas ☐ 2   (c) la ropa ☐ 1

(b) el horario ☐ 3   (d) el lenguaje ☐ 4

2 Listen to Extract 17 again and fill in this table on some habits in Colombia and Spain with the appropriate adverbs:

Escuche otra vez el Extracto 17 y rellene la tabla:

	Los colombianos	Los españoles
Compran la ropa hecha	nunca	normalmente
Comen fruta antes de la comida	no *(antes)*	después
Cenan a las diez de la noche	nunca	normal
Toman el chocolate espeso	jamás	normal
Utilizan 'ustedes' como la forma plural de 'tú'	siempre	nunca

3 Look at the following examples based on the audio extract and notice the position and the use of the negative words *nunca* and *jamás* in relation to the verbs (*comemos, se toma*). What happens when *nunca* or *jamás* are positioned after the verb?

Estudie los ejemplos y fíjese en la posición y el uso de las palabras 'nunca' y 'jamás'.

> Nosotros **nunca** comemos a esa hora.
> Nosotros **no** comemos **nunca** a esa hora.
>
> El chocolate **jamás** se toma tan espeso.
> El chocolate **no** se toma **jamás** tan espeso.

Jamás is less frequently used and much stronger than *nunca*.

4 Now make the notes from the completed table in step 2 into full sentences using both structures with *nunca*.

Ahora escriba frases con 'nunca'.

Ejemplo

Los colombianos **nunca** compran la ropa hecha.
Los colombianos **no** compran **nunca** la ropa hecha.

71

Actividad 3.10

Atando cabos

'Soler' and 'acostumbrar'

The verbs *soler* and *acostumbrar* are used to talk about things that you do regularly:

>Aquí la gente no **suele** ir a la modista.

>En España la gente **acostumbra** a cenar a las diez de la noche.

>En Colombia la gente **acostumbra** a comer fruta antes de la comida.

Notice the different structures used after each verb:

>soler + *infinitive* (ir, cenar, comer...)

>acostumbrar a + *infinitive* (ir, cenar, comer...)

1   So far in *Encuentros* you have come across many differences both in lifestyle and language between Spain and Spanish America. Revise your notes on them and write sentences in Spanish about these differences. Remember to use *soler* and *acostumbrar* and the expressions of contrast on page 68.

Escriba unas frases sobre las diferencias culturales o lingüísticas entre España e Hispanoamérica.

Ejemplos

En España la gente suele comprar la ropa hecha, en cambio en Hispanoamérica acostumbran a hacer la ropa a la medida.

En Hispanoamérica acostumbran a decir 'chévere', sin embargo en España suelen decir 'estupendo'.

2   Make a few notes on your own lifestyle and that of someone you know using the same structures that you used in step 1. Then record yourself talking about and contrasting your lifestyles.

Anote alguna de sus costumbres y las de algún conocido. Luego grábese hablando de ellas y comparándolas.

Ejemplo

Suelo desayunar café con un bollo, sin embargo mi hermana no acostumbra a desayunar nada.

3   Now listen to your recording again and compare it with previous ones. Is your pronunciation getting better? What about your intonation? Make a few notes in your *Diario* on aspects of your spoken Spanish that you think need improvement (intonation, fluency, pronunciation of certain sounds). You might find it useful to repeat this activity later and compare different recordings of the same passage.

Ahora escuche su grabación y compárela con otras anteriores.

HISPANOAMÉRICA

In Spanish America the verb *acostumbrar* is followed by an infinitive without the preposition *a*. For example *En Colombia no acostumbramos comer tan tarde.*

Actividad 3.11

Imagine you are doing a Spanish course in Barcelona and sharing a flat with María Elena and Marta, the two women you heard in *Actividad 3.9*. Complete the following letter to a Spanish friend describing and comparing your lifestyles by following the prompts given in the margin. Don't forget to use *tú*, because it is an informal letter to a friend. Try to use the expressions of frequency and of contrast, as well as the verbs *soler* and *acostumbrar*.

Imagine que está haciendo un curso de español en Barcelona y comparte un piso con Marta y María Elena. Escriba una carta a una amiga española comparando su estilo de vida con el de ellas.

Descripción de Barcelona (30–40 palabras)

Descripción de zona residencial, casa, vecinos... (20–30 palabras)

Contraste de partes de la ciudad (20–30 palabras)

Descripción de las compañeras de piso (50–60 palabras)

> Barcelona, 5 de marzo de 1999
>
> Querida Luisa:
>
> ¿Qué tal estás? Hace mucho tiempo que quería escribirte.
> ¡No puedes imaginar lo que me acuerdo de ti! ¡Esto es increíble!
> ¡Toda una experiencia!
>
> Barcelona es una ciudad ......
>
> Vivo a las afueras de Barcelona. Mi casa está en una zona
> residencial muy tranquila, con ......
>
> Pero estudio español en una escuela en el mismo centro
> de Barcelona, en una plaza llena de gente y ......
>
> Sin embargo, lo mejor de todo es que comparto piso con una
> colombiana y una española que se parece mucho a ti. ......
>
> Contéstame pronto y cuéntame lo que estás haciendo tú.
>
> Un abrazo cariñoso,
>
> *Chris*
>
> P.D. Te mando una foto de mis compañeros de clase.
> ¡Qué simpáticos!, ¿verdad?

Pronunciación

Do the exercises in *Práctica 3* of the Pronunciation Practice Cassette and Booklet to practise the Spanish vowel sounds.

Sesión 3   ¡Qué atasco!

In this session you are going to look at one of the major problems that affects our big cities: traffic. You will start by working on newspaper headlines and an article, and then watch a video about traffic problems in Mexico and Barcelona.

Actividad 3.12

1   Read the following newspaper headlines and mark those words and expressions related to traffic problems.

Lea los siguientes titulares de periódico y señale las palabras y expresiones relacionadas con el tema 'los problemas de tráfico'.

EL AYUNTAMIENTO DE BARCELONA TOMA NUEVAS MEDIDAS PARA RESOLVER EL PROBLEMA DEL APARCAMIENTO EN DOBLE FILA

Cada vez más ciudades sufren la hora punta

EL CAOS NUESTRO DE CADA DÍA

LAS CIUDADES SON HOY DE LOS COCHES:

los atascos se apoderan de las ciudades

El creciente número de obras públicas empeora la situación del tráfico en Barcelona

LAS CONGESTIONES DE TRÁFICO AFECTAN CADA VEZ A MÁS CIUDADES

2 Did you need to look any words up in the dictionary? Start a new section in your *Diario* entitled *Tráfico y problemas del medio ambiente*, where you can record new or useful expressions. Take note not only of what the word means, but also of the word class. If it is a noun, give its article. Don't forget to pay attention to the spelling! Check in your dictionary as well if the word usually goes or collocates with any specific word or words. You could use a table like the one below:

¿Conocía todas las palabras y expresiones? Anote en su Diario no sólo los significados, sino también el tipo de palabra. Si es un sustantivo, dé el artículo. Fíjese en la ortografía y en las colocaciones o expresiones especiales.

Palabras	Ejemplo	Otras expresiones
el tráfico (n)	En las grandes ciudades hay mucho tráfico	un accidente de tráfico
la medida (n)	nuevas medidas para combatir el problema del tráfico	tomar las medidas tomar medidas necesarias para...

Actividad 3.13

1 Read this article, in which some inhabitants of Barcelona give their opinions on the advantages and disadvantages of cycling, and fill in the table at the foot of the page according to what they say.

Ahora va a leer las opiniones de algunos habitantes de Barcelona sobre la bici. Lea estos extractos y rellene la tabla a continuación.

LA ENCUESTA DE LA SEMANA

¿Sería capaz de circular por Barcelona en bicicleta?

Andreu Carandell *29 años. Arquitecto.*

Sí, pero sólo en plan relax. Para ir a trabajar, no, porque tengo que ir bastante lejos y no estoy en forma.

Jordi Vallmajor *46 años. Diseñador.*
Sí, pero sólo por el centro. Lo bueno de ir en bicicleta es que no hay problemas con los atascos. De noche es fantástico.

Eulàlia Espriu *27 años. Empleada de oficina.*

Para ir al trabajo no puedes usarla porque se te estropea la ropa. Pero ir en bici no es tan estresante como ir en coche.

Nuria Niubó *32 años. Profesora.*

Voy siempre en bicicleta. Barcelona es fenomenal para ir en bici porque en partes es llano. El problema es el parking.

A favor	En contra
en plan relax	para ir a trabajar, no

2   Look again at the reasons each person gives for or against cycling in Barcelona and highlight the linking words or expressions each uses when introducing their reasons.

Vuelva a mirar las razones que da cada persona para estar a favor o en contra de ir en bicicleta y marque las palabras o expresiones que introducen las razones.

Ejemplo

Andreu   'Para ir a trabajo, no, **porque** tengo que ir bastante lejos.'

Actividad 3.14

Atando cabos

Indefinite pronouns and collective nouns

Look carefully at the captions to the drawings below and take note of the words underlined.

Todos van en bici al colegio

Nadie va a trabajar en bici

Algunos van en bicicleta y algunos andando

Todos están en el atasco.
Ninguno llega pronto a trabajar

Todos, nadie, alguno(s) and *ninguno(s)* refer to people in general. They are called **indefinite pronouns**. *Nadie* and *ninguno(s)* are negative indefinite pronouns and are equivalent in meaning to 'nobody' and 'no-one'.

The following expressions, called 'collective nouns', are used to refer to groups of people (or things or animals). Note that although they refer to a group, they are singular.

> **La gente** suele ir a trabajar en transporte público.

> **Todo el mundo** sufre las consecuencias del tráfico.

> **La mayoría** va en coche porque es más cómodo.

> En España sólo una **minoría** va a trabajar en bici.

There are also collective nouns that refer to more specific groups of people:

> **La policía** busca a los responsables del accidente.

> **El público** responde siempre con entusiasmo.

1   Below is a summary of the opinions expressed in the article on page 75. Fill in the gaps with the appropriate indefinite pronouns and collective nouns from the box. In some cases, more than one word is correct.

Aquí tiene algunos argumentos a favor y en contra de la bicicleta. Complete el siguiente resumen de opiniones. A veces es posible utilizar más de una opción.

> algunos, la mayoría, todos, nadie, ninguno, todo el mundo

Muchos están a favor de ir en bicicleta, pero (a) ...... está completamente convencido. (b) ...... encuentran alguna desventaja. A (c) ...... les parece que no hay suficientes plazas de aparcamiento para bicicletas, a otros no les gusta ir en bicicleta si tienen que trabajar después. Sin embargo, (d) ...... está de acuerdo en que es un medio muy relajado para viajar. Pero (e) ...... opinan que la bicicleta tiene sus ventajas.

2   Write some more examples of your own using some of these collective nouns.

Escriba más frases utilizando nombres colectivos.

Actividad 3.15

In the video you are going to watch, people in the street answer questions about traffic problems in cities.

1   Watch the video sequence (13:44–15:28) once or twice and write down the three questions asked.

Vea la secuencia de vídeo (13:44–15:28) una o dos veces y formule las preguntas realizadas.

2 Listen to the answers given to the last question (14:33–15:28) and make a list of the solutions mentioned by the Mexican and the Catalan. Then add any others you may think of.

Escuche otra vez las respuestas dadas a la última pregunta (14:33–15:28) y haga una lista de las alternativas mencionadas. Añada otras.

Ejemplo

El mexicano   'usar el control del "Hoy no circula".'

Sabía Ud. que...

En México DF se utiliza el sistema 'Hoy no circula' que consiste en que los coches con matrícula par o impar circulan en días distintos. Este sistema no siempre funciona, porque mucha gente se compra dos coches, uno con matrícula par y otro con impar, así que sólo se consigue que se duplique el número de coches.

número par
even number

número impar
odd number

Actividad 3.16

1 Read the text on the right about another common problem in big cities: *la aglomeración urbana.* First of all, try to understand the gist.

Lea este texto sobre otro problema normal de las grandes ciudades: la aglomeración urbana.

2 Read the text again and find words and phrases which give the idea of *aglomeración urbana.*

Lea el texto otra vez y busque palabras y expresiones que den la idea de aglomeración urbana.

Ejemplo

llenos de gente

En Madrid [...] se padece un grave problema de aglomeración que todo el mundo conoce y no siempre saben reflejar las estadísticas. Hay muchos parques, sí, pero están llenos de gente. Los expertos lo llaman « saturación de equipamientos ». Las carreteras también son buenas, pero los madrileños se lanzan a ellas a las mismas horas. Lo mismo que sucede con los estrenos cinematográficos o la temporada operística: muchos prescinden de ellos con tal de evitar las colas. Poco importa que en la Comunidad de Madrid haya 227 cines. Ir a un estreno en una ciudad pequeña es un acontecimiento, pero en una grande puede ser una tortura: las colas, los atascos, el peligroso paso por el subterráneo... Y muy caro: el taxi, el *parking*, el sándwich seco en el atestado bar de la esquina...

(*Cambio 16*, 29 marzo 1993)

3 Find words or expressions in the text which mean:

Encuentre palabras o expresiones en el texto que significan:

(a) los madrileños se ponen en ruta con entusiasmo y sin pensarlo mucho

(b) los madrileños no quieren hacer cola

(c) (lugar) muy lleno de gente

4 Choose the best summary for the text:

Elija la frase que mejor resume el texto:

(a) La Comunidad de Madrid necesita más lugares de ocio como cines y teatros. ❑

(b) La vida en Madrid es bastante peligrosa y muy cara. ❑

(c) La concentración de gente en Madrid afecta carreteras, parques, cines y bares. ☑

Actividad 3.17

1 There are many different ways of learning vocabulary; mind-maps, for instance, can help you to remember words by association. Read Section 5 in the Study Guide and make notes in your *Diario* on ways to learn vocabulary.

Hay muchas maneras de aprender vocabulario; las redes de palabras nos ayudan a recordar palabras por asociación.

2 Place the following words and expressions related to the topic of traffic in the mind-map below. You may add some more from the expressions learnt in this session:

Complete la siguiente red con las palabras a continuación y añada otras si quiere.

bocina, guardia urbana, horas punta, atascos, ruido, polución

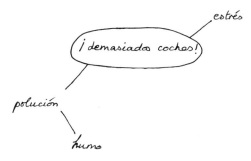

Pronunciación

Do *Práctica 4* in the Pronunciation Practice Cassette and Booklet to practise the Spanish diphthongs.

> **Del dicho al hecho**
>
> Next time you visit a new place, or see one on television, write a description in Spanish of the place and the people you meet. You could keep a 'travel diary' in which you write your impressions, and illustrate it with postcards, photos and other mementos.

Unidad 4 *Repaso*

In the first three *unidades* of *Encuentros* you have been practising ways of identifying people and describing and comparing places and people. In this *unidad* you will revise the functions and structures covered in the previous *unidades*. You will also revise some of the vocabulary studied so far.

Revision Objectives

In this *unidad* you will revise how to:

- Describe and compare people and places;

- Talk about habitual actions, daily routines and diverse lifestyles.

Key Revision Points

Sesión 1

- Identifying people.

- Describing people's physical appearance and character.

- Describing and comparing places.

- Using *tú* and *usted*.

Sesión 2

- Describing daily routines and lifestyles.

- Using pronominal (reflexive) verbs.

- Organizing vocabulary and approaches to checking your work.

Study chart

Activity	Timing (minutes)	Learning point	Materials
		Sesión 1 Lugares y gentes	
4.1	20	Identifying and describing people	Audio Drama Cassette
4.2	20	Comparing and contrasting places	
4.3	15	Saying what people are doing	Activities Cassette
4.4	20	*Tú* and *usted*	Audio Drama Cassette, Transcript Booklet
4.5	15	Describing people	
4.6	10	*Gramatikón*: agreement	
4.7	15	Mind-maps: people and towns	
		Sesión 2 Una nueva identidad	
4.8	40	Talking about a new identity	
4.9	15	Quiz: are you a town or a country person?	

Sesión 1 Lugares y gentes

In this session we will revise and practise identifying, describing and comparing people and places.

Actividad 4.1

1 What do you remember about the Mochales family? Listen once more to the beginning of the first episode of the Audio Drama, in which the narrator introduces the characters, and fill in the family tree on page 82 with names and information about each character.

Escuche al narrador presentando a los personajes en el primer episodio del radiodrama y complete la información sobre cada uno de ellos.

2 Write down the questions you would ask to obtain the following answers based on the Audio Drama.

Escriba las preguntas para estas respuestas basadas en el radiodrama.

(a) Es un señor mayor, lleva boina negra, traje gastado, pero limpio, y un maletón viejo.

(b) No, normalmente vive en un pueblo, pero pasa temporadas en la gran ciudad.

(c) En pleno centro de la ciudad.

(d) No, no es ni muy grande ni muy pequeño.

(e) ¿Madrid? ¡Como siempre! ¡Cada vez más ruido y coches!

(f) No, no es oscuro, es el que tiene más luz.

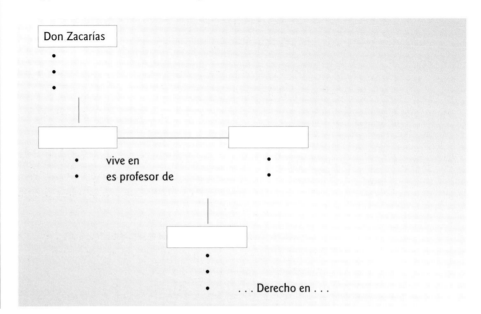

Actividad 4.2

1 Look at the table below, which gives some features of life in Madrid and Mancharreal.

medio ambiente
environment

Mire las características de la vida en Madrid y Mancharreal.

Característica	Madrid	Mancharreal
medio ambiente	coches, ruido	árboles, huertos, animales
vivienda	pisos pequeñísimos	casas grandísimas
gente	es imposible conocer a todo el mundo	todos se conocen
tiempo libre	bibliotecas, museos, parques, cines, deportes, bares, discotecas	un bar, campo, un río
servicios médicos	muchos hospitales, clínicas, ambulatorios, servicios de urgencia, Cruz Roja, farmacias	un médico pasa consulta una vez por semana

2 Now write sentences comparing and contrasting different aspects of the two places. Pay attention to the comparatives you studied in *Unidad 2* and the expressions of contrast in *Actividad 3.8*.

Ahora escriba frases comparando los dos sitios.

Ejemplos

Madrid es más grande que Mancharreal.

Madrid es más grande pero también más ruidoso.

Madrid es menos pintoresco que Mancharreal, sin embargo es mucho más cosmopolita.

En Mancharreal no hay cines, en Madrid sí.

Actividad 4.3

Don Zacarías is on his own in the flat and he answers the phone to people asking for Rosita, Isabel and Carlos. Imagine you are Don Zacarías. Listen to Extract 18 on the Activities Cassette and answer the phone using the notes in the following table.

Imagine que usted es don Zacarías. Escuche el Extracto 18 en la Cinta de actividades y conteste el teléfono. Aquí tiene varias notas sobre lo que están haciendo los otros miembros de la familia.

	Mañana	Tarde	Noche
Rosita	clase	biblioteca	no cena en casa
Isabel	banco	¿¿¿???	cine
Carlos	instituto	dentista	cine

Ejemplo

You hear: Hola buenos días, ¿puedo hablar con Rosita, por favor?

You answer: No, Rosita no está en casa por la mañana, está en la universidad, en clase.

Actividad 4.4

1 There are two ways to address a person in Spanish: *tú* and *usted*. Study the drawings below, then complete, in English, the following rules:

Estudie estos ejemplos y luego complete:

(a) *Usted* is used…   (b) *Tú* is used…

2 Now listen to the first episode of the Audio Drama while reading it in the Transcript Booklet and note the use of *tú* and *usted* by different members of the family. Who uses *tú*? Who uses *usted*? Why?

Ahora vuelva a escuchar el primer episodio del radiodrama mientras lee en el Cuadernillo de transcripciones y fíjese cómo se utilizan 'tú' y 'usted'.

Actividad 4.5

First impressions are important. In this activity, you will have to decide what people are like from those *primeras impresiones...*

1   The people in the pictures below are students of Spanish whom you have met. Describe them and try to say as much as you can about them from their appearances. Then read in the *Clave* what they are really like!

Estos son otros estudiantes de español que conoce en una reunión. Descríbalos y diga todo lo que pueda sobre ellos. Luego mire la Clave.

(a) Gareth Evans   (b) John Brown   (c) Sharon Bond   (d) Barbara Moore

2   Match each of the students you described above with one of the following Spanish-speaking pen-friends. Give reasons for your choices.

Vuelva a mirar los dibujos y descripciones del paso anterior y em pareje a sus compañeros con estos amigos por correspondencia. Ex plique su elección.

¡Hola! ¿Estás aprendiendo español? Yo estudio inglés y no tengo muchas oportunidades de practicarlo. Estudio idiomas y en francés suelo escribirme con una chica de París. ¡Y funciona! Trabajo en una empresa de transportes y sigo las clases de inglés de la tele todas las mañanas. Vivo en una ciudad muy pequeña y provinciana. Estoy soltero y vivo con mi hermana mayor. ¿Y tú?

Pedro Ramírez

Soy agente inmobiliario y vivo en Barcelona, una gran ciudad que me da la oportunidad de hablar con muchos turistas de todas partes del mundo. Hablo en inglés casi todos los días, en cambio casi nunca escribo. Pienso que tener un/a amigo/a por correspondencia es una idea estupenda. ¿Quieres tú ser mi amigo/a por correspondencia?

Miguel Ángel Rovira

Madre de familia busca amigo/a por correspondencia para intercambiar cartas en inglés y español. Paso mucho tiempo sola en casa y tengo bastante tiempo para escribir. Me gusta leer y escribir, sí os interesa, aquí estoy.

Rosa María Álvarez

Somos dos hermanos gemelos y necesitamos practicar nuestro inglés escrito para el colegio. Somos gemelos pero no nos parecemos en nada. Yo, Guillermo, soy muy ordenado, estudioso, guapo e inteligente. Sin embargo Daniel, mi hermano gemelo, es un desastre. Suspende casi todas las asignaturas en el colegio porque pierde libros, deberes y se olvida de los exámenes. Los dos tenemos 16 años, pero yo soy el mayor.

Guillermo y Daniel Azorín

¿Por qué no utilizamos el correo electrónico para escribirnos en inglés y en español? Viajo mucho y no tengo mucho tiempo para escribir largas cartas. Si le interesa, mándeme un mensaje a APC@tintero.co.es

Alicia Peñas Claro

Actividad 4.6

Gramatikón is a virus which affects various aspects of Spanish grammar. You will come across this virus throughout *En rumbo* and will be asked to help solve the problems it causes. Today is 'agreement-Friday' and the virus has affected the gender (masculine, feminine) and number (singular, plural) agreement of adjectives in the text about Salamanca, and the person (first, second and third person singular and plural) agreement of verbs in the text about Buenos Aires. Correct the five agreement mistakes in each text.

Gramatikón es el virus informático que afecta a la gramática española. Hoy es 'viernes-concordancia' y ha afectado el género y número en el primer texto sobre Salamanca y la persona en el segundo texto sobre Buenos Aires. Corrija los cinco errores de concordancia que hay en cada uno de los textos.

Salamanca

Salamanca es la ciudad universitaria española más conocida y un conjunto monumental única en Europa. 'Cuna del saber' porque allí nace una de las primeras universidades europea. Hoy en día es un lugar bullicioso y estudiantil todo el año. El centro arquitectónica y corazón de la ciudad es su plaza mayores. Es una plaza porticada de influencia barroca y toda las calles de la ciudad se orientan hacia ella.

Buenos Aires

La capital de Argentina es realmente una ciudad gigantesca. Tenéis una superficie de unos 200 km^2. Eres una ciudad joven, con un ritmo de crecimiento muy rápido. El puerto dan nombre a sus habitantes, porteños. La ciudad tiene una red de metro que se llama 'El Subte'. La población están formada por diversas nacionalidades: italianos, franceses, españoles y alemanes entre otros. Existe grandes plazas y avenidas, pero a pesar de sus dimensiones y gran población, la ciudad resulta para todos muy acogedora. Hay además lugares para relajarse, como el Parque Tres de Febrero.

Actividad 4.7

Complete this mind-map and the one on the next page with the vocabulary you have learned so far for describing people and places.

Repase el vocabulario usado para describir e identificar a gente y lugares con dos redes de palabras y expresiones para estos dos temas: gente y ciudades.

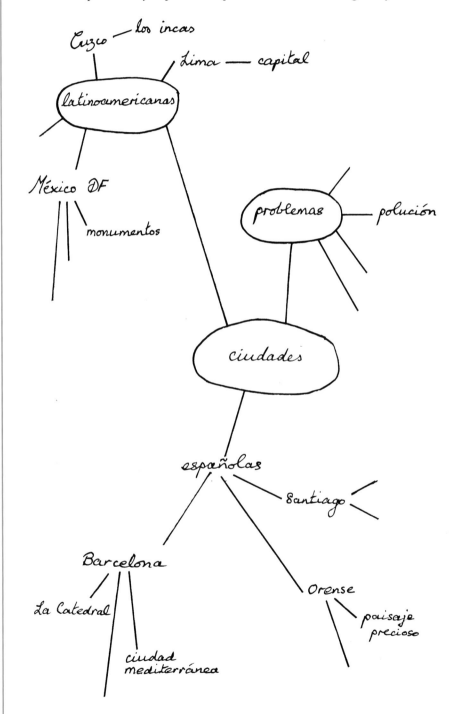

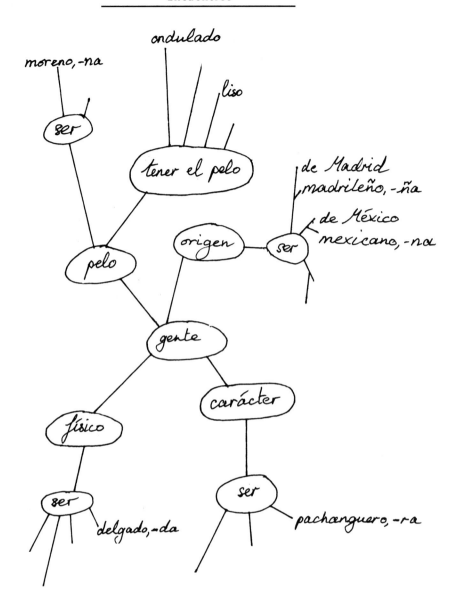

Sesión 2 Una nueva identidad

In this session we are going to revise daily routines, expressions of frequency, and ways of talking about your lifestyle.

Actividad 4.8

In this activity you are going to adopt a new identity, a new life, new habits… Little by little you are going to find out who you are, what you do, where you live, what you like and dislike and what you usually do.

1 To find out about your new identity, first circle, at random, one letter A, B, C or D for each number 1 to 6. Then find the details given for that letter under the appropriate numbered heading.

Para descubrir su nueva identidad, escoja una letra para cada número.

1 A, B, C, D   3 A, B, C, D   5 A, B, C, D

2 A, B, C, D   4 A, B, C, D   6 A, B, C, D

Ejemplos

You choose 1 A.
Your name is Raquel Molina Bazán, you are 23 years old, etc.

You choose 2 C.
You get up at eight o'clock and…

¿Quién es quién?

Usted es…

A

Nombre: Raquel
Apellidos: Molina Bazán
Edad: 23
Lugar de nacimiento: Orense
Profesión: estudiante

B

Nombre: Esther
Apellidos: Cortés Ropero
Edad: 40
Lugar de nacimiento: México DF
Profesión: médica

C

Nombre: Ramón
Apellidos: Ocaña Gama
Edad: 32
Lugar de nacimiento: Salamanca
Profesión: profesor de…

D

Nombre: Juan Antonio
Apellidos: Martínez de Plana
Edad: 55
Lugar de nacimiento: Buenos Aires
Profesión: artesano

2   Un día cualquiera de su vida...

A		**B**		**C**		**D**	
8.00	despertarse	10.00	levantarse	8.00	levantarse y	6.00	levantarse
8.30	levantarse	10.30	ducharse y		......	7.00	desayunar
9.00	desayunar	11.00	salir de casa	9.00	vestirse y	7.30	sacar al perro
	......	11.15	desayunar en	9.30	empezar a trabajar	8.00–2.00	
	en		......	1.00	coger el autobús		trabajar
	con	12.30	jugar al tenis o		para	2.30	comer
9.30	salir de casa		......	1.30	preparar	4.00–7.00	
2.30	comer fuera de	3.00	comer ...... en	2.00	comer con		estar en casa
	casa en		......	3.00	empezar a trabajar		haciendo ......
5.30	ir de compras al	5.00	ir a		otra vez hasta	7.30	salir ......
	centro con	7.00	volver a casa		......	11.00	volver a casa y
	......	7.30	arreglar la casa	7.00	volver a casa y		......
6.15	merendar con		......		......	11.30	acostarse
	...... en	10.00	escuchar	10.30	estar cansado, -da		
9.00	cenar en casa y	12.30	dormirse		y acostarse		
	......						
11.30	acostarse						

3   Suele...

	desayunar	comer	cenar
A	café solo con tostada	carne con verduras	algo rápido, una pizza o algo así
B	fruta y yogur	algo ligero: una ensalada o un sándwich	pescado con verdura o arroz
C	un vaso de leche y pan con mantequilla	el plato del día	sopa y pollo o pasta
D	zumo y cereales	algún guiso de carne y patatas o legumbres	un bocadillo

4   Con que frecuencia usted...

	ir de vacaciones	escribir cartas	hacer deporte	visitar a amigos
A	una vez al año	nunca	casi todas las tardes	los domingos
B	tres veces al año	en vacaciones	casi nunca	todos los días
C	una vez cada dos años	en Navidad	una o dos veces a la semana	normalmente los viernes
D	jamás	todas las semanas	una vez por semana	de vez en cuando

5 En su tiempo libre...

	limpiar la casa	ver la tele	leer el periódico	ir al campo	conducir
A	✓	✓	✓	✗	✗
B	✗	✓	✓	✗	✗
C	✗	✓	✓	✗	✗
D	✗	✗	✓	✓	✗

6 Vive en...

A Barcelona   **B** Madrid   **C** México DF   **D** Buenos Aires

2 Record yourself talking in Spanish about the new identity you have acquired, using your imagination to add details to the information given here.

Ahora grábese describiendo su vida bajo esta nueva identidad.

Actividad 4.9 Are you a city person or a country lover? Find out with this quiz.

¿Es usted una persona de ciudad o de campo? Descúbralo con este test.

¿De campo o de ciudad?

¿Cuál es su tendencia: el campo o la ciudad?

Conteste 'sí' o 'no' a las siguientes preguntas:

1 ¿Le resultan más divertidos los lugares animados, con bastante gente?

2 ¿Suele ir de vacaciones a ciudades, playas u otros lugares concurridos?

3 ¿Cultiva alguna planta en su casa?

4 ¿Lo pasa mal sin las oportunidades y las ofertas de la ciudad?

5 ¿Es uno de sus pasatiempos el ir de tiendas?

6 ¿Considera el silencio y la quietud uno de los grandes regalos de la vida?

7 ¿Puede pasarse toda una tarde paseando a la espera de la puesta del Sol?

8 ¿Tiene usted siempre muchos planes como ir al cine, al teatro, a exposiciones, a reuniones...?

9 ¿Soporta bien los atascos?

10 Cuando está en el campo, ¿se pasa el día viendo la tele?

Evaluación

Sume un punto por cada una de sus contestaciones que coincida con las siguientes:

1	No	6	Sí
2	No	7	Sí
3	Sí	8	No
4	No	9	No
5	No	10	No

De 0 a 3: Ud. es sin duda una persona de ciudad, seguramente de una gran metrópolis. Para Ud. la ciudad, cuanto más grande mejor.

De 4 a 7: Está entre los dos: podría vivir tanto en el campo como en la ciudad adaptándose a ambos.

De 8 a 10: Su ambiente natural es el campo. Ud. se siente muy incómodo en la ciudad, donde no podría vivir.

(basado en un artículo aparecido en *El País*, 3 abril 1996)

Resumen gramatical

'Tú' and 'usted' (Actividad 4.4)

tú   familiar, informal

usted   formal

'Ser' and 'estar' (Actividad 1.2)

	ser	estar
yo	soy	estoy
tú	eres	estás
él, ella; Ud.	es	está
nosotros, -as	somos	estamos
vosotros, -as	sois	estáis
ellos, ellas; Uds.	son	están

Ser

Use	Example
To link noun + noun or pronoun + noun	Carlos es profesor. Madrid es la capital. (Yo) soy médico.
To indicate where when an event is taking place	La boda es en lacatedral. La fiesta es esta noche.
To describe an inherent, permanent characteristic	La Coruña es muy bonita. Soy gallego.
In the expression *ser de*	Soy de México DF. Es de cristal.

Estar

Use	Example
To indicate the location of an object or person	Santiago está en Galicia.
To describe a non-inherent or temporary characteristic	La casa está desordenada.
To describe a characteristic that has changed	Carlitos está muy alto.
To describe taste or appearance	La tarta está muy buena. Rosita está muy guapa.

Radical changing verbs (Actividad 1.13)

	fregar	jugar	contar
yo	fri**e**go	j**ue**go	c**ue**nto
tú	fri**e**gas	j**ue**gas	c**ue**ntas
él, ella; Ud.	fri**e**ga	j**ue**ga	c**ue**nta
nosotros, -as	fregamos	jugamos	contamos
vosotros, -as	fregáis	jugáis	contáis
ellos, ellas; Uds.	fri**e**gan	j**ue**gan	c**ue**ntan

'Muy' and 'bastante' (Actividad 2.2)

muy + adjective	Tiene museos muy interesantes.
muy + adverb	Me acuesto muy tarde.
bastante + adjective	La ciudad es bastante pequeña.
bastante + adverb	Me levanto bastante temprano.

Comparatives (Actividad 2.5)

superiority	más ... que	La Coruña es **más** bonita **que** Santiago. Jalapa tiene **más** arte **que** Veracruz.
inferiority	menos ... que	Los veracruzanos son **menos** creídos **que** los jalapeños. En Santiago hay **menos** industria **que** en La Coruña.
equality	tan + *adjective* + como tanto(s) / tanta(s) + *noun* + como	Los jalapeños son **tan** regionalistas **como** los veracruzanos. En Santiago hay **tantos** monumentos **como** en Veracruz. En La Coruña hay **tanta** actividad **como** en Veracruz.

Superlatives (Actividad 2.7)

Definite article + noun + *más/menos* + adjective	**la ciudad más grande** de América Latina **la atracción turística menos interesante** de Veracruz

Prepositional phrases in time expressions (Actividad 3.2)

a	a las ocho al mediodía	a partir de	a partir de las siete a partir de octubre
las... de la...	las ocho de la mañana las tres de la tarde las diez de la noche	hasta	hasta el sábado hasta mañana hasta las ocho
en	en mayo en 1997	por	por la mañana por la tarde por la noche
de ... a	de ocho a nueve		

Expressions of frequency (Actividad 3.3)

todos los días / meses / años	**tres veces a la** semana
todas las mañanas / semanas	**dos veces por** día / semana
una vez al día / mes / año	**cuatro veces cada** día / semana
una vez a la semana	**algún** día
dos veces al día / mes / año	**alguna** tarde / noche

Pronominal verbs (Actividades 3.5 and 3.6)

levantarse	
yo	me levanto
tú	te levantas
él, ella; Ud.	se levanta
nosotros, -as	nos levantamos
vosotros, -as	os levantáis
ellos, ellas; Udes.	se levantan

Expressing contrast (Actividad 3.8)

pero	sin embargo
sino	por el contrario
en cambio	

'Soler' and 'acostumbrar' (Actividad 3.10)

soler + infinitive

acostumbrar a + infinitive

Indefinite pronouns (Actividad 3.14)

todos, -das	nada
alguno(s), -na(s)	ninguno, -na
nadie	

Collective nouns (Actividad 3.14)

la gente	la mayoría
todo el mundo	una / la minoría

Vocabulario

Descripción de lugares

Puntos cardinales

el norte, el sur, el este y el oeste

La ciudad

la avenida

el barrio

una iglesia

un monumento

el puerto

el casco urbano

una ciudad bulliciosa, cosmopolita, moderna

un pueblo pintoresco, tranquilo

un paisaje precioso

Términos geográficos

el mar

la montaña

las comunidades autónomas

la provincia

la región

la capital

Identificación personal

Nombre y apellidos: me llamo (Tomás Rubio)

Edad: tengo (treinta) años

Lugar de nacimiento: soy de (Toledo)

Estado civil: soltero, -ra; casado, -da; separado, -da; divorciado, -da; viudo, -da. Estoy soltero, -ra.

Profesión: Soy (médico)

Rutina diaria

despertarse

levantarse

acostarse

dormirse

arreglarse

lavarse

el desayuno

desayunar / desayunarse (SpAm)

la comida

comer

la cena

cenar

hace la compra

salir de casa

llegar a casa

ir al trabajo / a la oficina

preparar la comida / la cena

fregar los platos

limpiar la casa / el polvo

planchar la ropa

La familia

los abuelos, el abuelo, la abuela

los padres, el padre, la madre, el marido, la mujer

los hijos, las hijas

los hermanos, las hermanas

los tíos, las tías, los sobrinos, las sobrinas, los primos, las primas

Descripciones físicas

ser gordo, -da / delgado, -da

alto, -ta / bajo, -ja

tener bigote / barba

tener el pelo rubio / castaño / negro / gris / blanco / largo / corto

ser calvo

tener la piel oscura / morena / clara / blanca

tener los ojos azules / verdes / castaños / oscuros / negros grandes / pequeños

tener la nariz recta

llevar gafas

parecerse a: se parece a su madre en los ojos

Descripción de carácter

ser…

aburrido, -da

agresivo, -va

amable

antipático, -ca

caprichoso, -sa

cariñoso, -sa

desordenado, -da

egoísta

generoso, -sa

impulsivo, -va

ordenado, -da

reservado, -da

serio, -ria

simpático, -ca

tímido, -da

tranquilo, -la

Transporte

el tráfico

la bicicleta (la bici)

el coche

la carretera

la hora punta

el humo

la polución

el estrés

Clave

Unidad 1

Actividad 1.1

Other ideas commonly associated with Spain include: *las vacaciones, el mar, el sol, la playa, el flamenco, la pintura de Dalí, Picasso o Miró, la sangría, la paella, el vino.*

Actividad 1.2

2 La Coruña: (a), (b), (c), (f), (g). Santiago: (d), (e), (h).

3 (a) This sentence corresponds to the first use of *estar* described in the Spanish Grammar. It indicates where something (i.e. La Coruña) is, and is similar to the example *Madrid está en España.*

   (b) This sentence corresponds to the first use of *ser*, that of linking two nouns together (*La Coruña* and *ciudad*), and is similar to the example *La cebolla es una planta.*

   (c) This sentence also corresponds to the first use of *ser*: it links a pronoun ('it') to a noun (*una ciudad*). The pronoun is implicit in the verb, i.e. it is not in the sentence.

   (d) This sentence illustrates the third use of *ser*: with an adjective to show that a quality is intrinsic to the nature of the thing described.

   (e) This is the same use as in sentence (d).

Actividad 1.3

1 In your notes you may have included some of the following:

● a beautiful city

● many places to visit (archeological sites, churches, convents, museums, leisure centres)

● the province is also beautiful

2 The adjectives (*precioso, bonita, bonitos, arqueológica, prehispánica*) agree in gender (masculine or feminine) and number (singular or plural) with the noun they describe. For instance, *ciudad* is a feminine singular noun, so *bonita* is in the feminine singular form.

Actividad 1.4

3 Ustedes podrían visitar toda la zona arqueológi**ca** y la zona prehispáni**ca.**

4 Hay centros recreativ**os** también muy interesant**es.**

5 Nuestra cultura no está muy difundid**a.**

6 México es una de las ciudades más densamente poblad**as** del mundo.

Actividad 1.6

2 Your notes on Barcelona might include:

good weather (although some people say it's very hot)

sea, mountains

beautiful avenues

some poor neighbourhoods

4 As a model answer, here is a description of Oxford. Yours will of course be different, but you should have used the same structure and the expressions in bold. Check also that the verbs are correctly conjugated, and that the adjectives agree with the nouns they describe.

> **Para mí lo más sobresaliente de** Oxford **es** su arquitectura. **Tiene** edificios antiguos preciosos. **Dicen que** hay demasiados turistas. Es verdad, pero los turistas traen mucho dinero a la ciudad. Oxford **tiene** muchos parques y muchas tiendas. También **tiene** muchos bares y restaurantes. **Tiene** unos colegios universitarios que son una

maravilla. **También hay que decir que** tiene algunos barrios bastante pobres, y que hay muchas diferencias entre el centro y los barrios marginados. **En fin, que** Oxford es una ciudad muy bonita.

Actividad 1.8

1 (a) ¿Cómo se llama?

(b) ¿De dónde es usted?

(c) ¿Cuántos años tiene?

(d) ¿Está soltero o casado? / ¿Está soltera o casada?

(e) ¿Tiene familia?

(f) ¿Cuál es su profesión?

We used the polite form, *usted*. The familiar form *tú* (*¿Cómo te llamas?*) would have been appropriate in an informal situation. We will return to the difference between *tú* and *usted* later on. *Usted* is normally abbreviated to *Ud.* in writing.

2

Soy gallego. Nací en un pueblo del centro de Galicia…	Pregunta (b) ¿De dónde es usted?
Soy Marcial Gondar.	Pregunta (a) ¿Cómo se llama?
Soy catedrático de Antropología Social…	Pregunta (f) ¿Cuál es su profesión?
Tengo una familia pequeña, de un hijo.	Pregunta (e) ¿Tiene familia?
Tengo cuarenta y siete años.	Pregunta (c) ¿Cuántos años tiene?
Estoy casado…	Pregunta (d) ¿Está soltero o casado?

3 (a) Verdadero.

(b) Falso (*there are only eight*).

(c) Verdadero.

(d) Falso (*he only has one son*).

(e) Falso (*he is 47*: cuarenta y siete).

(f) Falso (*she is a psychologist and works for the* Juzgado de Menores, *the juvenile court*).

Actividad 1.10

1 We are not giving an answer here because there are different ways of categorizing the words, depending on your point of view. For instance, *hacer la compra* could go under *Comida* or under *Otras actividades*. Categorizing vocabulary is a very useful learning strategy: categories are more easily learned than words on their own or lists of words unconnected with each other. Next time you record vocabulary in your *Diario*, you may want to organize it into categories.

2 The order in which the activities are mentioned is: (a) levantarse; (e) ir* a la oficina; (g) jugar con el bebé; (f) hacer la compra; (c) preparar la cena; (b) planchar; (d) limpiar el polvo.

Actividad 1.11

1 (a) Llega a casa.

(b) Comemos a las dos.

(c) Recojo al bebé de la guardería.

Note that there is a spelling change here: the 'g' becomes a 'j'. This is one of the spelling rules explained in the section on pages 249–50 of the Spanish Grammar: if the infinitive ends in '-ger', the 'g' changes to 'j' before 'o' or 'a'.

* The woman on the cassette actually says *me vengo a la oficina* rather than *voy a la oficina* because she was interviewed in the office.

(d) Mi marido baña a los niños.

(e) Mi hija plancha las camisas.

(f) Limpian el polvo.

(g) Mi hija escribe en su diario.

3 The conjugation of these regular verbs in the simple present is:

	preparar	comer	escribir
yo	preparo	como	escribo
tú	preparas	comes	escribes
él, ella; Ud.	prepara	come	escribe
nosotros, -as	preparamos	comemos	escribimos
vosotros, -as	preparáis	coméis	escribís
ellos, ellas; Uds.	preparan	comen	escriben

Actividad 1.12

The conjugations of the verbs can be found on the following pages of the Spanish Grammar: *estar* page 269, *salir* page 293, *venir* page 299.

Actividad 1.13

To find the radical changing verbs in the Spanish Grammar, follow these steps:

Look up *jugar* in the list of irregular and radical changing verbs (pp. 302–19); the reference number, 27, tells you its position in the list of irregular and radical changing verbs on pages 253 to 302. Note that the 'u' becomes 'ue' in some persons.

Now look up *fregar* in the list of irregular and radical changing verbs. As well as the reference number, you are given another verb, *cerrar*, plus a note of another spelling change. The root of *fregar* changes in the same way as that of *cerrar*; for the 'g' to 'gu' spelling changes, see page 249. For example: *(yo) cierro* and *(yo) friego*; *(nosotros) cerramos* and *(nosotros) fregamos*.

If you look *acostar* ('to put to bed') up, you will only find its reflexive form (*acostarse*, 'to go to bed'). You will learn more about reflexives later. However, the verb is conjugated in the same way in its reflexive and non-reflexive forms, following the same pattern as *contar*:

Contar	Acostar
cuento	acuesto
cuentas	acuestas
cuenta	acuesta
contamos	acostamos
contáis	acostáis
cuentan	acuestan

The completed sentences are:

1 David **juega** al fútbol todos los sábados.

2 Mi marido siempre **friega** la cocina por la noche.

3 ¿Tú **juegas** a las cartas?

4 ¿Quién **friega** los platos en esta casa?

5 Yo **acuesto** al bebé a eso de las siete y media.

Actividad 1.15

Part of speech. This means that *juez* can be used for both the masculine and the feminine forms (i.e. for both male and female judges). However, in the last few years a feminine form of *juez*, *jueza*, has also appeared, which is why you are given both alternatives in the entry.

Field labels, which indicate the field the translation refers to: 'Der' stands for *Derecho* (Law), 'Dep' stands for *Deporte* (sport).

Examples of particular uses with their translation.

juez de línea and *juez de banda* are synonyms. For a translation of *juez de línea*, refer to *juez de banda*.

juez *mf*, **juez -za** *m,f* **(a)** (Der) judge **(b)** (Dep) referee
juez de banda (en fútbol) (*m*) linesman; (*f*) lineswoman; (en tenis) (*m*) linesman, line judge (BrE); (*f*) lineswoman, line judge (BrE); (en fútbol americano, rugby) line judge
juez de campo field judge
juez de instrucción examining magistrate
juez de línea ➡ **juez de banda**
juez de paz justice of the peace
juez de primera instancia examining magistrate
juez de salida starter
juez de silla umpire
juez instructor examining magistrate

Sense indicators, which indicate the context in which the translations are used. In the context of football, *juez de banda* means 'linesman/lineswoman' but in the context of American football or rugby, it would be translated as 'line judge'.

Actividad 1.16

1 Here is the complete text. The words you should have inserted are in bold.

Soy un chavo **alto**, de complexión un poco **robusta**, antes tenía **bigote**, ahorita ya no, ya me lo corto. Trato de ser amable con todas las personas, me gusta llevarme con todo el mundo. **Ojos** color café, porque no hay ojos **color** negro, **cabello**… un poco ondulado y **boca** de labios **sensuales**. Eso sí tengo un defecto...

2 He says that he's got big feet! … *tengo un defecto que es el que calzo muy grande, o sea del pie. ¡Mi número es el diez!*

3 Here is a sample description:

Soy delgada y bastante alta. Soy de complexión normal. Tengo el pelo negro y rizado, y la cara menuda. Tengo los ojos oscuros y la tez morena.

Actividad 1.17

1 (a) *padre*.

(b) *madre*. The mother says: … *(se parece) a mí… en muy poco.*

(c) *madre*. (*Quizás lo que tenga (algo) mío son algunas expresiones de la cara...*)

d) *madre*. This is a continuation of the sentence in (c): … *y luego pues que es así un poco melosilla, cariñosa.*

(e) The husband thinks the daughter is untidy like her mum (*Mi marido dice que se parece a mí mucho en que es muy desordenada igual que yo*) although the wife doesn't agree, and says she is not untidy although her daughter is (*No estoy de acuerdo que, en que yo soy desordenada, ¡mi hija sí!*).

2 Overleaf are some model sentences. Yours might be different. Make sure that you have used the construction correctly by checking against the model in the activity.

Se parece a su padre…

- en los ojos.
- en que tiene los ojos grandes.
- en el pelo.
- en que tiene el pelo moreno y rizado.

Se parece a su madre…

- en que es delgada.
- en que es deportista.

Actividad 1.19

1

(a) el viejito lleva	(i)	un sombrerito
	(iv)	una plumita
	(vi)	unos zapatos blancos
(b) el señor lleva	(ii)	una camisa muy tropicalona
	(iii)	una cadenota
	(vii)	un bigotón
los chavos llevan	(v)	unos pantalones *Levi's*

2 The base words are: *agarrado* (*bailar agarradito*: to dance holding your partner very close) and *cuadro* (*bailar en un cuadrito*: to dance on a little square, i.e. on a very small area).

3 (a) Verdadero.

(b) Falso. (… lo ves bailando danzón con su viejita)

(c) Falso. (*He is described as* gordito.)

(d) Verdadero. (… la pierna derecha la mete en medio de las piernas de la señora)

(e) Falso. (Dicen que el danzón se baila en un cuadrito)

Actividad 1.20

2 Different people will of course classify the adjectives differently. What is important is that classifying them makes you think about them and therefore remember them better.

Actividad 1.21

2 *Saludo*

Formal expressions

Muy señora mía

Estimado Sr. Ruiz

Distinguida Sra. Sanz

Informal expressions

¡Hola Antonio!

Querido Nacho

Querida Isabel

Despedida

Formal expressions

A la espera de sus noticias, le saluda atentamente

Se despide atentamente

Reciba un cordial saludo

Expresándole mi agradecimiento, se despide atentamente

Informal expressions

Con cariño

Un abrazo

3

(a)	Me dirijo a usted con el fin de comunicarle...	formal	(iv)	I am writing to inform you that...
(b)	Muchas gracias por tu carta	informal	(i)	Thanks for your letter
(c)	Te escribo porque…	informal	(vii)	I'm writing to you because…
(d)	Quisiera mediante la presente expresar mi agradecimiento…	formal	(iii)	I am writing to express my most sincere gratitude
(e)	Rogamos nos envíen…	formal	(v)	I would be grateful if you would be so kind as to send us...
(f)	Espero que estés bien	informal	(vi)	I hope you are keeping well
(g)	Nos ponemos en contacto con usted para…	formal	(viii)	We are writing to you to…
(h)	¿Qué tal estáis todos?	informal	(ii)	How are you all?

4 Here is the complete letter. The expressions you should have inserted are in bold. We have given several possibilities where appropriate.

Orense, 15 de noviembre de 1999

Querida Ana / **¡Hola** Ana!

Muchas gracias por tu carta, y por la tarjeta y el regalo de cumpleaños para Laura. Le encantó, porque ya sabes que le gustan mucho las muñecas. La fiesta de cumpleaños es el domingo próximo, y ha invitado a todas las amiguitas del colegio.

¿Qué tal estáis todos? / Espero que estés bien. Y tu suegro, ¿está mejor? Dale muchos recuerdos de mi parte, me acuerdo mucho de él.

Aquí sigue todo igual, tengo mucho trabajo, y además hemos decidido cambiarnos de casa. Estamos buscando un piso más grande, con tres dormitorios, y yo también quiero que esté en un sitio tranquilo, sin ruido, y cerca del parque, para poder llevar a los niños a montar en bici.

Bueno, nada más por ahora. Escríbeme pronto.

Con cariño / Un abrazo / Muchos besos a todos

Maribel

P.D. El otro día hablé con Magda, y dice que por fin Gonzalo y Esperanza han decidido casarse. ¡Qué sorpresa!, ¿verdad?

Unidad 2

Actividad 2.1

1 En México tenemos museos muy **bonitos**.

2 México tiene una cultura muy **importante**.

3 Barcelona tiene un clima muy **bueno**.

(Remember that *clima* is masculine.)

4 La ciudad no es muy **grande** ni muy **pequeña**.

Actividad 2.2

The transcript of the extract is in Transcript Booklet 1.

Actividad 2.3

The transcript of the extract is in Transcript Booklet 1.

Actividad 2.4

1 The speakers are relaxed because they are among friends. They are joking and laughing, although at times some of them try to make serious points.

2 Veracruz: (a), (c), (e), (f). Jalapa: (b), (d), (g), (h), (i), (j), (k).

4 (a) Verdadero. (… el puerto es más grande…)

(b) Falso. (En Jalapa […] no se ve tanto el comercio…)

(c) Verdadero. (La gente aquí es muy abierta, son pachangueros, o sea, más a la fiesta…)

(d) Falso. (… Jalapa es más cultural)

(e) Verdadero. (… son más regionalistas el jalapeño que el veracruzano)

Actividad 2.5

1 En Jalapa hay más altares que en Veracruz.

2 Santiago es menor que La Coruña./ Santiago es más pequeño (*or* pequeña)* que La Coruña. / Santiago tiene menos habitantes que La Coruña.

3 La Universidad de Santiago es más importante que la (Universidad) de La Coruña.

4 Jalapa es más religioso (*or* religiosa)* que Veracruz.

5 En La Coruña hay menos monumentos que en Santiago.

6 Felipe es mayor que Ana. / Felipe tiene más años que Ana.

Actividad 2.6

1 Sentences from the extract which use the *aquí / allá* structure include:

¡Aquí hay lugares que están abiertos desde las seis de la mañana! (allá no).

… allá en Jalapa son muy creídos (aquí no).

Aquí el comercio está en todas partes, (allá no).

Allá son burócratas (aquí no).

… allá está centralizado todo el poder (aquí no).

… aquí la gente que trabaja realmente es el comerciante (allá no).

Actividad 2.7

2 ¿Cuál es el animal más rápido?

El animal más rápido es el guepardo.

3 ¿Cuál es la capital más alta?

La capital más alta es La Paz.

4 ¿Cuál es el río más largo?

El río más largo es el Nilo.

* There are no rigid rules about adjectival agreement after the name of a city.

5 ¿Cuál es el felino más grande?

El felino más grande es el tigre.

6 ¿Cuál es el país latinoamericano más extenso?

El país latinoamericano más extenso es Brasil.

Actividad 2.8

1 *La Monalisa* es **el** cuadro **más** famoso **del** mundo.

2 *El Guernica* también es **muy** conocido.

3 Brasil es **el** país **más** extenso **de** América del Sur.

4 El AVE es un método de transporte **rapidísimo**.

5 La Torre Eiffel es **el** monumento **más** visitado **de** Europa.

6 ¿Cuál es **la** ciudad **más** visitada **de** México?

7 El chino es una lengua **dificilísima**.

8 México DF es una de **las** ciudades **más** contaminadas **de** Hispanoamérica.

9 El Everest es una montaña **altísima**.

10 El Tajo es un río **muy** largo.

Actividad 2.9

1 The words mentioned are: *la abuelita, el abuelito, el abuelo, la madre, el padre, el papá, el tío, la tía.*

2 The completed family tree is at the foot of this page.

3 (a) Mi marido es mi **cónyuge**.

(b) El padre de mi abuela es mi **bisabuelo**.

(c) Los hijos de mi hermana son mis **sobrinos**.

(d) El hermano de mi cónyuge es mi **cuñado**.

(e) La esposa de mi hijo es mi **nuera**.

(f) La hija de mi tía es mi **prima**.

(g) El marido de mi hija es mi **yerno**.

(h) La madre de mi esposa es mi **suegra**.

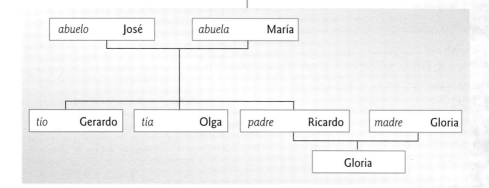

Actividad 2.10

	Apariencia física	**Carácter**
Los mexicanos	morenos / blancos café con leche un poco neuróticos de ojos claros de ojos negros	relajientos pachangueros nobles de buen corazón
Los peruanos	1,60–1,70 m de estatura nariz aguileña pómulos salientes (el peruano es) delgado (el peruano) no es gordo de un peso bastante guardado cabellos lacios color cobrizo huesos bastante duros bastante nervio	celoso(s) de sus propiedades bastante reservado(s) en sus costumbres y en sus tradiciones agresivos tranquilos

Actividad 2.12

1 The heading that best describes the main topic of the text is:

(b) las cosas que unen a los hispanohablantes

As explained in the Study Guide, the first sentence of an article often tells you what it is about. Look again at the first sentence of the article and you'll see that it does exactly that.

2 (a) A los venezolanos les preocupa menos el elevado coste de la vida que a los uruguayos.

(b) A los bolivianos les preocupa menos la violencia y la inseguridad que a los españoles.

(c) A los peruanos les preocupa menos la corrupción en el Estado que a los mexicanos.

(d) A los colombianos les preocupa la educación insuficiente tanto como a los venezolanos.

(e) La falta de recursos económicos les preocupa más a los costarricenses que a los ecuatorianos.

Actividad 2.13

1 The form with the details of the characters and setting should read:

Copito de Nieve

Personajes:

La familia Mochales

don Zacarías   abuelo de Rosita y padre de Carlos

Carlos   hijo de Zacarías y esposo de Isabel

Isabel   mujer de Carlos y madre de Rosita

Rosita   hija de Carlos e Isabel

Copito de Nieve   oveja

Situación:

La historia se desarrolla en **Madrid**.

2 The correct order for the summary is:

(a) Don Zacarías llega a la estación y su hijo le está esperando.

(d) Carlos ayuda a su padre a poner las maletas en el coche.

(b) Rosita ayuda a su madre a preparar la habitación para el abuelo.

(e) Isabel le confiesa a su hija que no se siente bien.

(c) Isabel se indigna al encontrar que don Zacarías tiene una oveja en su habitación.

Actividad 2.14

The pauses in the transcript are indicated with a slash (/).

Carlos   ¿Cuáles son tus maletas?

Zacarías   Todas ésas que lleva el mozo / son mías.

Carlos   ¿Qué? / ¿Todas esas maletas son tuyas?

Zacarías   ¿Qué quieres, hijo? / ¡No vengo sólo por unos días!

Carlos   Pero, papá, /¿dónde vamos a meter tantas cosas?

Actividad 2.15

1 If a word ends in -*to* or -*ta*, the diminutive added is -*ico* or -*ica* rather than -*ito* or -*ita*. So *gata* becomes *gatica* (rather than *gatita*, which it would be in Spain).

2 (a) caja

(b) corta

(c) pato

(d) pequeño

(e) gatos

Actividad 2.16

1 *Caperucita Roja*   Little Red Riding Hood

2 *Blancanieves y los siete enanitos*
Snow White and the Seven Dwarves

3 *Juanito y las habichuelas mágicas*
Jack and the Beanstalk

4 *Los tres cerditos y el lobo feroz*
The Three Little Pigs

5 *¿Qué hace el ratoncito Pérez con los dientes?*   *El ratoncito Pérez* is the equivalent of the tooth fairy in Spanish-speaking countries.

6 *Pulgarcito*   Tom Thumb

7 *El patito feo*   The Ugly Duckling

Actividad 2.17

It is difficult to translate words with affective suffixes; however your translations should convey the following connotations:

1 *un golazo* has the meaning of a great goal.

2 *Cerquita de ti* means 'right up close to you'.

3 *un cupón* is a lottery ticket, *un cuponazo* implies that it is a fabulous ticket (with a fantastic jackpot).

4 *Rosita* is short for *Rosa*, and is the equivalent of Rosie.

Unidad 3

Actividad 3.1

2 (a) El doctor Ramos **ve** a Olga **en la consulta**.

(b) La doctora Villar **pasa visita** en la sala de niños del hospital.

(c) El doctor Gómez **visita a** doña Rosa **en (su) casa**.

(d) La doctora de la Peña **receta medicinas** para el dolor de cabeza.

(e) El médico **responde** rápidamente **a las llamadas de urgencia**.

(f) La doctora Ibarra **da clases (de orientación)** de planificación familiar por las tardes.

Actividad 3.2

1

Actividades	Expresiones de tiempo
Pasar visita en algunas salas específicas	de las nueve a las once
Labores docentes	a partir de las dos de la tarde
Revisar/visitar los ingresos	a las ocho
Reunión	de once a doce
Recibir la guardia de las últimas veinticuatro horas	diariamente a las siete treinta
Actividades del comité de calidad	a las doce

2 Here is a sample answer; yours might be slightly different, but pay attention to the time expressions you have used and check they are correct:

> Empieza a trabajar a las siete y media, cuando recibe la guardia. A las ocho revisa los ingresos, y de nueve a once

pasa visita en la sala de pediatría / desde las nueve hasta las once pasa visita en la sala de pediatría. De once a doce tiene una reunión del comité de calidad / Desde las once hasta las doce tiene una reunión del comité de calidad. A partir de las dos da clases de planificación familiar / Desde las dos hasta las cinco da clases de planificación familiar.

3 (a) Empiezo a trabajar **a** las siete y media.

(b) Vemos a los nuevos pacientes **en** una hora.

(c) **De** once **a** doce tenemos reunión.

(d) **A partir de** las dos de la tarde y **hasta** las dieciséis horas nos dedicamos a tareas educativas.

(e) **Por** la tarde normalmente damos clases de orientación.

(f) Diariamente acabamos las clases a las cinco **de** la tarde.

Actividad 3.3

1 The expressions that indicated frequency are:

Martha Morales

normalmente, siempre, a veces, nunca, generalmente, casi nunca

Elisabeth Ceballos

casi siempre, casi nunca, la mayoría de las veces, en algunas ocasiones, a menudo

2 The correct order is: siempre; casi siempre; la mayoría de las veces, normalmente, generalmente; a menudo; en algunas ocasiones, a veces, casi nunca; nunca

Actividad 3.5

2 Primera señora

Leo el periódico mientras **desayuno**.

Arreglo un poquitín la casa.

Voy a clase de alemán.

Como en casa al mediodía.

Y por la tarde (**hago**) **un poco de** deporte.

Segunda señora

Me levanto a las cinco.

Me desayuno y **llego** a la oficina a las ocho.

Por las tardes **trabajo** en una juguetería.

Regreso a casa alrededor de las ocho.

Tomo cualquier cosa ligera y **me acuesto** a dormir.

Actividad 3.6

1 (a) to do the washing up: *lavar los platos, fregar.* (This appears under the entry for 'washing-up'.)

(b) to have a shower: *ducharse.* (This appears under the entry for the noun 'shower'. *Ducharse* is a pronominal (reflexive) verb.)

(c) to comb one's hair: *peinarse.* (You should have found this under the entry for the verb 'to comb'. Note that *peinar* means 'to comb someone else's hair' and that *peinarse*, which is a pronominal (reflexive) verb, means 'to comb one's own hair'.)

(d) to do the shopping: *hacer la compra.* (This appears under the entry for 'shopping'.)

(e) to wake up: *despertarse.* (The dictionary includes two main meanings, *despertar*, 'to rouse', and the one we are looking for, 'to become awake', *despertarse,* which is a pronominal (reflexive) verb.)

2 The radical changing pronominal (reflexive) verbs are conjugated as follows.

despertarse	acostarse	dormirse
me despierto	me acuesto	me duermo
te despiertas	te acuestas	te duermes
se despierta	se acuesta	se duerme
nos despertamos	nos acostamos	nos dormimos
os despertáis	os acostáis	os dormís
se despiertan	se acuestan	se duermen

Note that *despertarse* follows the same root change as *cerrar.*

3 The transcript of sample answers to the questions is in Transcript Booklet 1.

Actividad 3.7

2 These are the main points the speakers mention:

Barcelona	**Orense**
una ciudad fantástica	naturaleza
mediterránea	paisaje precioso
con mucha luz	arte
Barrio Gótico	carreteras estrechitas
una zona moderna	campo
mar	tranquilidad
playa	silencio del campo
actividad económica	
cultural, monumental	
paisaje	

Actividad 3.8

2 There are many possible answers to this activity. You could compare two aspects of the same place or the same aspect of two places, or you could mention some characteristics a place has and some it hasn't. From all the services and features mentioned in the descriptions, you can infer the sort of places they are. For example, Alcalá de Henares, which has a university, is likely to be be a lively, noisy and crowded city. Possible sentences include:

- Alcalá de Henares es una ciudad bulliciosa, **en cambio** Rascafría es tranquila.

- Aranjuez ofrece posibilidades de hacer turismo náutico **pero** Alcalá de Henares no.

- En Rascafría puedo esquiar **sin embargo** no puedo nadar, porque hace muchísimo frío.

- El Escorial ofrece muchos servicios para el turista **pero** no tiene parador.

- Chinchón tiene muchas casas antiguas, conventos y ermitas, **pero** Rascafría tiene más naturaleza.

Actividad 3.9

1 María Elena and Marta discuss the topics in the following order: (c) *la ropa*; (b) *el horario (de la comida)*; (a) *las comidas*; (d) *el lenguaje*.

2 Here is the completed table. The expressions in brackets are implied on the cassette, rather than explicitly stated.

	Los colombianos	Los españoles
Compran la ropa hecha	nunca	normalmente
Comen fruta antes de la comida	siempre	(nunca)
Cenan a las diez de la noche	casi nunca	normalmente
Toman el chocolate espeso	jamás	(normalmente)
Utilizan 'ustedes' como la forma plural de 'tú'	siempre	nunca

Actividad 3.11

Opposite is a model letter, and yours will obviously be different. The model will give you some of the structures you could have used. It is important that after you have read it you go back to your letter and try to correct any mistakes. Go through your own letter systematically and check:

- that verbs are correctly conjugated;

- that the use of *ser* and *estar* is correct;

- that adjectives agree with the noun they qualify;

- that any comparatives are formed correctly;

- the word order and the use of *no*, if you have used *nunca* or *jamás*.

Barcelona, 5 de marzo de 1999

Querida Luisa:

¿Qué tal estás? Hace mucho tiempo que quería escribirte. ¡No puedes imaginar lo que me acuerdo de ti! ¡Esto es increíble! ¡Toda una experiencia!

Barcelona es una ciudad **preciosa**. Tiene parques, jardines, plazas, iglesias, palacios, mar... Es una ciudad muy mediterránea, llena de vida y color. La parte antigua de la ciudad condal — así es como la llaman aquí — muestra su glorioso y artístico pasado. La parte nueva, por el contrario, es un buen ejemplo de ciudad moderna y bulliciosa, aunque el tráfico es horrible.

Vivo a las afueras de Barcelona. Mi casa está en una zona residencial muy tranquila, con piscina, canchas de tenis y jardines llenos de árboles y flores. Hay también algunas tiendas y cafeterías donde suelo tomar café casi todos los días. Los vecinos son muy simpáticos y siempre me saludan.

Pero estudio español en una escuela en el mismo centro de Barcelona, en una plaza llena de gente y **ruido**. Hay muchos coches, autobuses, motos... Aquí casi nadie va en bici, porque es bastante peligroso. Hay algunas zonas peatonales y también avenidas donde la gente pasea, habla y queda con sus amigos.

Sin embargo, lo mejor de todo es que comparto piso con una colombiana y una española que se parece mucho a ti. **La colombiana es morena y alta.** Estudia medicina en la universidad y tiene muchos amigos. La española es gallega, de Orense, estudia arte y quiere especializarse en Gaudí, por eso está aquí. La chica colombiana va mucho de fiesta, y sale mucho por la noche. La chica española es más tímida y no sale tanto. A veces va a ver exposiciones, o al concierto, y de vez en cuando la acompaño. Las tres salimos juntas al cine o a exposiciones y muchas veces preparamos comidas típicas de nuestros países en casa.

Ellas tienen muchas fotos de su familia y amigos y a veces las miramos mientras tomamos algo. Me siento muy bien con ellas en esta ciudad.

Contéstame pronto y cuéntame lo que estás haciendo tú.

Un abrazo cariñoso,

Chris

P.D. Te mando una foto de mis compañeros de clase.
¡Qué simpáticos!, ¿verdad?

Actividad 3.13

1

A favor	En contra
en plan relax	para ir a trabajar, no, (porque tengo que ir bastante lejos)
no hay problemas con los atascos	no estoy en forma
de noche es fantástico	sólo por el centro
no es tan estresante como ir en coche	se te estropea la ropa
Barcelona es fenomenal para ir en bici porque en partes es llano	el problema es el parking

2 The linking words are in bold.

Andreu   Para ir a trabajo, no, **porque** tengo que ir bastante lejos.

Jordi   **Lo bueno** de ir en bicicleta **es que**…

Eulàlia   **Pero** ir en bici no es tan estresante…

Nuria   **El problema** es el parking.

Actividad 3.14

1 Here is the complete text, with the words you should have inserted in bold, followed by an explanation for the choices:

> Muchos están a favor de ir en bicicleta, pero (a) **nadie / ninguno** está completamente convencido. (b) **Todos** encuentran alguna desventaja. A (c) **algunos** les parece que no hay suficientes plazas de aparcamiento para bicicletas, a otros no les gusta ir en bicicleta si tienen que trabajar después. Sin embargo, (d) **la mayoría** está de acuerdo en que es un medio muy relajado para viajar. Pero (e) **todos** opinan que la bicicleta tiene sus ventajas.

(a) The first statement is positive and followed by *pero* ('but'), which indicates that the following statement should be negative, so a negative indefinite pronoun is required.

(b) You need a plural indefinite pronoun because the verb *encuentran* is in the plural. Everybody in the article mentions a disadvantage, therefore the correct answer is *todos* rather than *todo el mundo*, which is followed by a singular verb.

(c) The only possibility here is *algunos* because it refers only to a few (later we have *a otros*) rather than *la mayoría*.

(d) Most of them agree that travelling by bike is a relaxing mode of transport.

(e) They all agree that travelling by bike has some advantages. Again, *todos* rather than *todo el mundo* is correct because the verb is in the plural.

2 The following are model sentences with collective nouns:

La gente siempre habla de lo mismo.

Todo el mundo quiere ir a ese concierto.

La mayoría va al fútbol los sábados.

La semana pasada la policía detuvo a los delincuentes.

Actividad 3.15

1 – ¿Cómo está el tráfico en México?

   – ¿Y en Barcelona?

   – ¿Cómo se puede solucionar el problema?

2 The alternatives mentioned are:

El mexicano
- usar el control del 'Hoy no circula'
- manejar otro sistema de transporte
- concientizar y educar a la gente para que use la bici o algún otro servicio

El catalán

- utilizar menos el coche

- coger más la moto

- utilizar el transporte público

Solutions you might have suggested include:

- ir en metro o en autobús

- compartir el coche con otros compañeros de trabajo

- prohibir los coches en el centro de la ciudad

Actividad 3.16

2 The expressions that give the idea of *aglomeración urbana* include: *saturación de equipamientos, las colas, los atascos, el atestado bar.*

3 The expressions from the text are:

(a) los madrileños **se lanzan a** ellas (las carreteras)

(b) **evitar** las colas

(c) (lugar) atestado

4 The best summary of the text is (c).

Actividad 3.17

2 Your mind-map might look something like this:

Unidad 4

Actividad 4.1

1

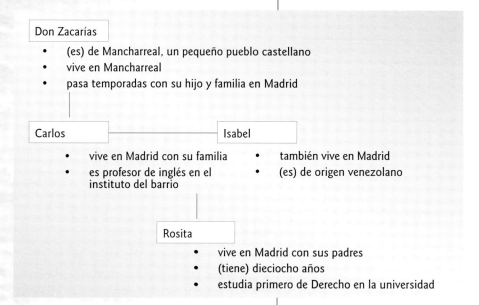

Don Zacarías
- (es) de Mancharreal, un pequeño pueblo castellano
- vive en Mancharreal
- pasa temporadas con su hijo y familia en Madrid

Carlos
- vive en Madrid con su familia
- es profesor de inglés en el instituto del barrio

Isabel
- también vive en Madrid
- (es) de origen venezolano

Rosita
- vive en Madrid con sus padres
- (tiene) dieciocho años
- estudia primero de Derecho en la universidad

2 Note that in some cases there are several possible answers:

(a) ¿Cómo es Zacarías?

(b) ¿Vive en Madrid / en la ciudad?

(c) ¿Dónde está el piso de la familia Mochales? / ¿Dónde vive la familia?

(d) ¿Es muy grande el piso de la familia Mochales?

(e) ¿Cómo está Madrid?

(f) ¿Es oscuro el cuarto de don Zacarías?

Actividad 4.2

There are many possible answers here. Here are some possibilities:

En Mancharreal hay más campo que en Madrid, es más rural.

Mancharreal tiene muy pocos coches, en cambio tiene muchos árboles, huertos y animales.

La gente de Madrid no conoce a todo el mundo a su alrededor, por el contrario en Mancharreal todo el mundo se conoce.

La gente en Madrid vive normalmente en pisos pequeñísimos, sin embargo en Mancharreal la gente vive en casas enormes.

Madrid ofrece variadísimas formas de pasar el tiempo libre: museos, parques, bibliotecas, deportes, bares, discotecas; Mancharreal ofrece menos.

Los servicios médicos en Mancharreal son menos y peores que en Madrid: no hay hospital ni farmacia.

Actividad 4.3

The transcript of the whole conversation is in Transcript Booklet 1.

Actividad 4.4

1 (a) In Spain *usted* is used to address older people and adults you don't know. In

Spanish America the form *usted* is more widely used. If in doubt, use *usted*.

(b) *Tú* is less formal and less distant and therefore used to address children, members of the family and friends. It is also usual among young people, even if they are strangers.

Remember that the form of address chosen affects the forms of the verbs and other words. Compare: *¿**Sabe** dónde está **su** coche?* with *¿**Sabes** dónde está **tu** coche?*

2 In the Audio Drama, *tú* is always used by Carlos, Don Zacarías and Rosita, as it is the form of address used to talk to members of one's family. Isabel also uses *tú* when talking to her daughter. Isabel uses *usted* with her father-in-law, to show respect to an older person. Remember that she is Venezuelan; nowadays it would be unusual for a Spaniard to use *usted* to address one of their in-laws.

Actividad 4.5

1 Here are our descriptions of the people in the pictures. They include information about their character, work and lifestyles. Your descriptions will of course be different, but ensure you pay particular attention to the words and expressions you have used to describe their physical characteristics. If you are not sure of the vocabulary, look again in your *Diario* or at *Unidades 1* and *2*.

(a) Gareth Evans es un chico joven de unos 25 años. Es pelirrojo y tiene el pelo liso. Tiene la cara redonda y pecosa, con ojos azules. Viste de manera informal. Es galés y estudiante de arquitectura y de español. Tiene dos hermanos mayores. Vive con su novia en un pisito cerca de la universidad, no muy lejos del centro de la ciudad. Suele ir a clase en moto.

(b) John Brown es un hombre de negocios, trabaja para una empresa de automóviles con muchas oficinas en el extranjero. Estudia español porque va a trabajar en Barcelona el año que viene. Tiene unos 45 años, pelo corto y gris, con barba también cana y además lleva gafas.

(c) Sharon Bond es una joven de unos 19 años, con pelo rizado moreno y ojos oscuros. Hace mucho deporte y juega en el equipo de fútbol del barrio. Vive con una amiga y casi todos los fines de semana salen con amigos. Está en el paro, pero de vez en cuando hace de canguro para sus vecinos que tienen dos niños muy pequeños.

(d) Barbara Moore es una señora que trabaja en la City en uno de los bancos más importantes. Está en el departamento de relaciones con el exterior. Habla inglés, francés e italiano. Ahora estudia español. Está casada y tiene tres hijos. No tiene mucho tiempo libre. Tiene el pelo castaño y ondulado y es de piel muy blanca.

2 Who you matched with whom depends on what you said about them in your descriptions. Here is one example:

Barbara Moore, la señora que trabaja en la City con Alicia Peñas Claro, porque ninguna de las dos tiene mucho tiempo para escribir largas cartas. El correo electrónico es una forma rápida para practicar su español.

Actividad 4.6

The corrected mistakes are in bold.

Salamanca

Salamanca es la ciudad universitaria española más conocida y un conjunto monumental **único** en Europa. 'Cuna del saber' porque allí nace una de las primeras universidades **europeas**. Hoy en día es un lugar bullicioso y estudiantil todo el año. El centro **arquitectónico** y corazón de la ciudad es su plaza **mayor**. Es una plaza porticada de influencia barroca y **todas** las calles de la ciudad se orientan hacia ella.

Buenos Aires

La capital de Argentina es realmente una ciudad gigantesca. **Tiene** una superficie de unos 200 km². **Es** una ciudad joven, con un ritmo de crecimiento muy rápido. El puerto **da** nombre a sus habitantes, porteños. La ciudad tiene una red de metro que se llama 'El Subte'. La población **está** formada por diversas nacionalidades: italianos, franceses, españoles y alemanes entre otros. **Existen** grandes plazas y avenidas, pero a pesar de sus dimensiones y gran población,

la ciudad resulta para todos muy acogedora. Hay además lugares para relajarse, como el Parque Tres de Febrero.

It is important that you get into the habit of checking your written work from the beginning, and that you establish strategies for correcting it yourself from the start. Always make sure you reread all your pieces of writing and check for possible mistakes in agreement like the ones you have just spotted.

Actividad 4.7

There are many ways of classifying vocabulary, but here are possible ways to organize these mind-maps. It is important that you organize them in a way that helps you to learn the expressions. Remember many of the words can go in different places!

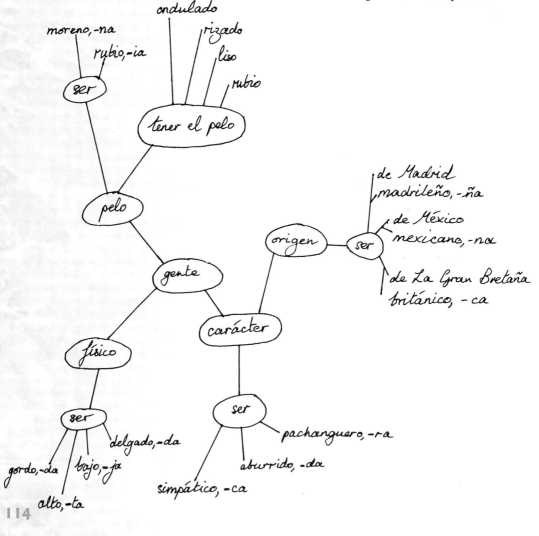

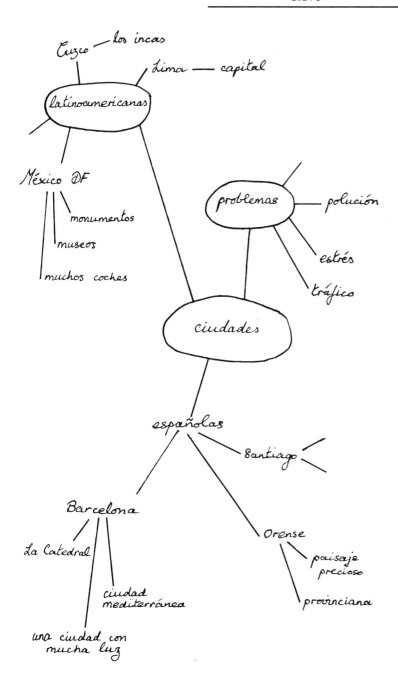

Cuzco — los incas

Lima — capital

latinoamericanas

México DF

monumentos

museos

muchos coches

problemas — polución

estrés

tráfico

ciudades

españolas

Santiago

Barcelona

La Catedral

ciudad mediterránea

una ciudad con mucha luz

Orense

paisaje precioso

provinciana

Actividad 4.8

Your answer will depend on the choices you
made; however two model answers are
recorded in Extract 20 of the Activities
Cassette.

El tiempo libre ~

The second part of this book, *El tiempo libre*, is again divided into four *unidades*. The accompanying video and audio material was recorded in Galicia, Catalonia, Mexico and Peru.

Unidad 1, *La aventura y las vacaciones*, will enable you to make plans, express preferences and talk about the future.

Unidad 2, *Contamos contigo*, which presents the second episode of the Audio Drama, will equip you with the structures needed to talk about common situations and their outcomes, and to describe events in general terms.

Unidad 3, *Fiestas y costumbres*, will give you an opportunity to describe objects and events related to traditions and festivities in the Spanish-speaking world.

Unidad 4, *Repaso*, is devoted to revision and consolidation. It contains summaries of the grammar and vocabulary presented, including a section on Spanish American usage.

Unidad 1
La aventura y las vacaciones

In this *unidad* you will learn how to talk about plans and other future events relating to sports, holidays and travel.

Learning Objectives

By the end of this *unidad* you should be able to:

- Make suggestions and respond to them;
- Use a variety of structures to talk about the future;
- Express plans for the immediate future.

Key Learning Points

Sesión 1

- Using structures to make suggestions.
- Responding to proposals: raising and accepting objections.
- Using *quedar* to make arrangements.

Sesión 2

- Using and conjugating the simple future tense of regular verbs.
- Revision of *gustar* and similar verbs.
- Revision of the prepositions *por*, *desde* and *hasta*.
- Pronunciation of 'r' in mid-word and final positions.

Sesión 3

- Revision and expansion of vocabulary relating to holidays and travel.
- Using *ir a* + infinitive.
- Appreciating the characteristics of informal speech.

Study chart

Activity	Timing (minutes)	Learning point	Materials
		Sesión 1 *¿Qué tal si empezamos?*	
1.1	40	Making suggestions	Transcript Booklet, Video
1.2	15	Practising making suggestions and reacting to proposals	
1.3	20	Making arrangements: using *quedar*	
1.4	30	Expressing feelings about events and experiences	Video
1.5	30	Understanding the main ideas in a text	
		Sesión 2 *Vamos a hacer planes*	
1.6	55	Planning events: the future tense	Video
1.7	20	Using the prepositions *por*, *desde* and *hasta*	
1.8	20	What are your plans?: using *querer* + infinitive	Transcript Booklet, Video
1.9	15	Using collective nouns and indefinite adjectives	
1.10	35	Talking about hobbies: using *gustar, encantar* and similar verbs	Activities Cassette, Study Guide, Transcript Booklet, Video
	10	**Pronunciation**: the 'r' sound	Pronunciation Practice Cassette and Booklet
		Sesión 3 *De viaje*	
1.11	20	Preparing for a trip: expressing the future with *ir a* + infinitive	Activities Cassette, Spanish Grammar, Transcript Booklet
1.12	20	Practising *ir a* + infinitive and vocabulary relating to holidays and travel	Activities Cassette
1.13	20	Study skills: listening to informal speech	Activities Cassette, Transcript Booklet
1.14	30	Practising further structures and vocabulary relating to holidays and travel	
1.15	10	Understanding humour	Activities Cassette, Transcript Booklet

Sesión 1   ¿Qué tal si empezamos?

In this session you will learn how to put forward suggestions and react to proposals.

Actividad 1.1

1   Look at the five pictures below and think about how you might describe the activities depicted. Check any words you don't know in the dictionary, then match the pictures with the adjectives which best describe them. Which adjective cannot be applied to any activity here? Circle it.

Mire los cinco dibujos siguientes y únalos con los adjetivos que mejor los describan. ¿Qué adjetivo no puede aplicarse a ninguno de los siguientes pasatiempos?

tranquilo   peligroso   emocionante

agotador   claustrofóbico

relajante   olímpico

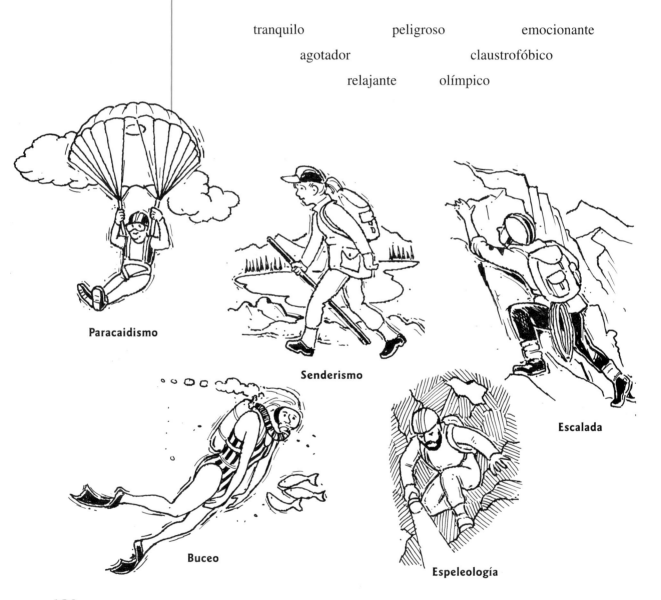

Paracaidismo

Senderismo

Escalada

Buceo

Espeleología

2 Watch the video sequence 15:31 – 17:04 once and tick the option that best summarizes what it is about:

Vea la secuencia de vídeo una vez y marque la opción que resuma mejor de qué trata:

(a) The two young men are talking about hiring a canoe for two hours tomorrow. ☐

(b) Sergio and Guillermo are thinking about going to see an adventure film at the weekend. ☐

(c) The two friends are discussing whether to go and watch some friends who will be taking part in adventure sports tomorrow. ☐

(d) They are considering which adventure sport they should try tomorrow. ☑

3 Complete the sentences below after watching the sequence again:

Complete las siguientes frases después de volver a ver la secuencia de vídeo:

Ejemplo

Los chicos consideran ...... deportes de aventura.

Los chicos consideran **tres** deportes de aventura.

(a) Los tres deportes son: ...., ... y ....

(b) Deciden no hacer canoa porque es ....

(c) Deciden no hacer puenting porque es ....

(d) Deciden hacer ...... a la mañana siguiente a las nueve.

4 Go to page 8 of the Transcript Booklet. Watch the video sequence again and read the transcript at the same time. Underline the expressions which you think are used to respond to proposals.

En la página 8 del Cuadernillo de transcripciones, subraye las expresiones o frases que se usan para responder a las sugerencias.

Atando cabos

Making suggestions

When responding to suggestions, reservations may be expressed:

Está bien, pero, no sé, un poco tranquila, ¿no?

or they may be accepted:

¡Vale!

The following table presents a variety of phrases commonly used when discussing plans:

Making suggestions (What about...?)	Raising objections/ expressing reservations	Expressing agreement

¿Qué me dices del   *noun*
 +
      rafting?
      puenting?
 de la   escalada?
		¡Vale!

Podríamos/podemos + *verb* + *noun* hacer rafting. hacer canoa. hacer puenting.	Está bien, pero, no sé... Pues, no estoy muy seguro...	¡Bueno!
¿Por qué no + *present indicative* hacemos rafting? hacemos canoa? hacemos puenting?		¡De acuerdo!
¿Qué tal + *noun* (el) puenting? + si + *present indicative* si hacemos puenting?	Parece un poco... ... tranquilo, -la. ... agotador, -dora. ... peligroso, -sa.	¡Estupendo!
¿Qué te parece + *noun* (el) puenting? + si + *present indicative* si hacemos puenting?		¡Muy bien!
¿Puenting?		¡Venga!

Notice that there is more than one way to make suggestions, raise objections and express agreement. For example, Guillermo makes suggestions using three structures: *Podríamos hacer canoa...* ; *¿Puenting?*, when the suggestion is made in mid-conversation; and *¿Qué me dices del rafting?* Do not worry about the exact translation of each structure or expression; they are roughly equivalent and quite interchangeable, e.g. you can choose *¡Vale!*, *¡Venga!* or *¡De acuerdo!* when agreeing. You might want to make some notes in your *Diario* about this topic.

As you can see from the following examples, Spanish uses the **present tense** where English would use the future when making suggestions. (But remember that Spanish can also use the conditional, as in *Podríamos hacer canoa*.)

¿Te **paso** a buscar?
Shall I pick you up?

¿**Cierro** la puerta?
Shall I close the door?

¿**Vamos** a dar un paseo?
Shall we go for a walk?

¿**Salimos** a cenar?
Shall we go out for dinner?

When a specific range of proposals is being considered, it is possible to dispense with verbs altogether. In the dialogue on the video, after considering several options, Guillermo simply suggests:

¿Puenting?

Showing reservations

In the video sequence, Sergio showed reservations about the activities suggested:

Pues, no sé...

He could also have said:

Pues, no estoy seguro...

'¿No?' '¿Verdad?' '¿Cierto?'

In English, when people seek agreement with what they are saying, they use the so-called 'tag questions' like 'isn't it?', 'doesn't it?', and so on. In Spanish, we use expressions like *¿no?*, *¿verdad?* or *¿cierto?*, e.g.:

Tirarse de un puente parece un poco peligroso, ¿no?

Desea probar algo nuevo, ¿verdad?

Le interesa estar más en contacto con la naturaleza, ¿cierto?

¿Sabía Ud. que...?

Desde las primeras expediciones de los conquistadores al 'Nuevo Mundo', se incorporaron al español muchas palabras de las lenguas indígenas para describir objetos desconocidos en el Viejo Mundo. Algunas de esas palabras incluso han pasado sin mayores cambios al inglés. Éste es el caso de palabras como 'canoa' y 'hamaca', procedentes del taíno, lengua hablada en Santo Domingo y Puerto Rico. 'Piragua' y 'balsa' provienen del caribe.

Uno de los deportes más populares en España es el 'piragüismo'.

Actividad 1.2

1 You are in Galicia with a Spanish friend and you are looking for something special to do the following day. Read the advertisements in the travel agent's, *Turiacti*, and complete the following dialogues by making a suggestion or by responding to one, as required:

Complete los diálogos sugiriendo una actividad o respondiendo a una sugerencia:

Ejemplo

> **SENDERISMO** •
>
> Día 13 de abril: Ruta de los Pazos.
>
> Recorra esta tierra a pie y descubra sus tesoros monumentales y naturales.

¿Por qué no hacemos senderismo?

No sé, parece un poco tranquilo, ¿no?

(a)

> **BUCEO DESDE UN VELERO** • • • • • • • • • • • • • • • •
>
> En las rías de Vigo.
>
> Descubra todo un nuevo mundo bajo las aguas.
>
> Desde el 14 de abril hasta el 18 de abril.

¿......?

Está bien, pero, no sé, parece un poco claustrofóbico, ¿no?

(b)

> **PASEOS A CABALLO** • • • • • • • • • • • • • • • • • • •
>
> Ruta Ecuestre en Puente Caldelas (Provincia de Pontevedra).
>
> Dé un paseo de forma diferente.
>
> De 10.00 a 13.00 y de 17.00 a 20.00 horas, todos los días.

¿......?

Venga, vale.

(c)

> **CICLOTURISMO** •
>
> Ruta popular Arnoia.
>
> El placer del medio ambiente y el gusto de sentirse en forma.
>
> Domingo 13 de abril a las 10.00 horas.
>
> Duración 8 horas.
>
> Salir en dirección Os Chaos, cruzar el río Arnoia y visitar As Poldras.

¿. . . . . .?

Está bien, pero, no sé, un poco agotador, ¿no?

(d)

> **RAFTING en ARCADE** •
>
> Descenso de ríos en balsa neumática.
>
> Desafío, emoción y diversión.
>
> Todos los días desde 10.00 hasta 18.00 horas.

¿Qué te parece si hacemos rafting en Arcade?

• • • • • •

(e)

> **EXCURSIONES 'TODOTERRENO'** • • • • • • • • • • • • • •
>
> Parque Natural de la Sierra de Ancares.
>
> El desafío de la naturaleza salvaje.
>
> Día 14 de abril.
>
> Duración 8 horas.

¿Qué tal si hacemos una excursión a la Sierra de Ancares?

• • • • • •

2 Now read aloud the short dialogues you have completed for each advertisement. Try to sound spontaneous. Then read the questions and answer them in a different way. The more you practise this sort of activity, the more confident you will become.

Lea en voz alta los diálogos y luego trate de responder a las preguntas de una forma espontánea.

Actividad 1.3

Atando cabos

Arranging to meet someone

To arrange how, when and where to meet, you can use the verb *quedar*, as Sergio and Guillermo did:

¿Cómo quedamos?
When and where shall we meet?

Pues entonces **quedamos** mañana a las nueve.
Then we'll meet tomorrow at nine.

¿Con quién quedamos?
Who are we meeting with?

Quedar has several meanings but here we will concentrate on the meaning 'to agree on an arrangement'.

¿Dónde…		En la puerta del cine.
¿A qué hora…		A las siete.
¿Cuándo…	… quedamos?	El lunes.
¿Para qué…		Para ver una película.
¿Con quién…		Con Paco.
¿Cómo…		En la puerta del cine a las 3 de la tarde.

1   Ask and answer questions following the prompts given:

Pregunte y conteste cómo va a quedar con alguien:

Ejemplo

puerta del cine   ¿Dónde quedamos? En la puerta del cine.

(a) mi casa

(b) las nueve

(c) el miércoles

(d) Bar Manolo

(e) la catedral / las siete y cuarto

(f) Marta

(g) ir al teatro

2 In the following conversations, people are discussing arrangements. Match the proposals on the left with the reactions on the right:

Una los planes propuestos a la izquierda con las correspondientes reacciones a la derecha:

(a) Marcos, ¿qué tal si vamos al cine esta noche? Ponen *El paciente inglés* en el Alameda Multicines.

(b) ¡Hola Ana! ¿Qué te parece si vamos al parque algún día esta semana a comer? Los niños pueden venir con nosotras, ¿no?

(c) Oye, Juan, ¿qué me dices de un partido de tenis esta tarde?

(d) Mamá, te noto un poco tristona. ¿Qué te parece si almorzamos mañana juntas?

(i) Vale, estupendo. Carmen, te espero en la puerta del cine a las siete menos cuarto.

(ii) Estupendo, Curra. Quedamos en el Bar Rosales a las dos.

(iii) Pues, no sé, Maribel, hace mucho frío. Mira, vamos al parque pero sin niños, ¿vale? Te espero en la entrada del parque, el miércoles a las dos.

(iv) Venga, Julián, vale. Nos vemos en la cancha de tenis 2, a las siete.

3 Now summarize each plan, giving details of how, when, where and why they have agreed to meet.

Resuma cada plan explicando cómo, cuándo, dónde y para qué han quedado.

Ejemplo

Marcos y Carmen **han quedado** en la puerta del Alameda Multicines a las siete menos cuarto para ver El paciente inglés.

4 Read each summary aloud.

Lea en voz alta los resúmenes de cada plan.

Actividad 1.4

You are going to watch a video sequence in which Cheché, a sports instructor, talks about white-water rafting.

1   Before watching the video, think what you might like to find out about a sporting activity with which you are not familiar. Write down four or five questions in Spanish.

¿Qué le gustaría saber sobre una actividad deportiva de la que no sabe nada? Escriba unas preguntas en español.

Ejemplos

¿Dónde se puede practicar?

¿Es muy caro?

2   Now watch the video from 17:04 to 17:46. Write down any other questions that you think of.

Ahora vea el vídeo y añada las preguntas que crea necesarias.

3   Watch the video sequence as many times as you need and write a paragraph of 30–35 words in Spanish about white-water rafting. Your description should contain information about what white-water rafting is, whether it is dangerous, when it is practised and who practises it.

Vea toda la secuencia de vídeo y escriba un párrafo corto en español sobre el rafting.

Atando cabos

Saying how you enjoyed the experience

Sergio and Guillermo were both asked how they enjoyed their white-water rafting experience:

¿Qué tal te lo has pasado?

The table shows different ways of answering this question:

+	−
Me he divertido mucho.	Me he aburrido mucho.
Me lo he pasado bien / fenomenal.	Me lo he pasado mal / fatal.
Ha sido divertido / entretenido / genial.	Ha sido aburrido.

4 Here are four situations. You are asked whether you enjoyed them. Answer according to whether you had a good or a bad experience. Give full answers in Spanish.

Notice that in the video sequence the two young men were addressed informally by the interviewer, using *tú*: *¿Qué tal te lo has pasado?* Here a more formal context is assumed and the questions will be asked with *usted*.

A continuación se le pregunta si ha disfrutado cada una de las siguientes situaciones. Escriba frases completas en español.

Ejemplo

A friend invited you round for dinner. You tried some delicious Peruvian dishes and met interesting new people.

¿Cómo se lo ha pasado? (+)

Me lo he pasado fenomenal.

(a) You have been to an uninspiring football game where no goals were scored.

¿Qué tal se lo ha pasado? (−)

(b) You tried scuba diving for the first time off the coast of Puerto Rico. You had never seen such rich and colourful sea life.

¿Qué tal se lo ha pasado? (+)

(c) You have been out for a drink with someone. The bar was very smoky and the music so loud that you could not talk to your friend.

¿Qué tal se lo ha pasado? (−)

(d) You have been canoeing on the Guadalquivir river. It was a pleasant day, the landscape was beautiful and you did not fall into the river!

¿Qué tal se lo ha pasado? (+)

Actividad 1.5

Adventure sports involve an element of risk, challenge and interaction with the environment, themes which are explored in the following article.

1 To understand a written passage, it needs to be put into context. One way of doing this is to think about its title or subtitle and try to infer the nature of the content from them. Read the title and subtitle in the article overleaf and answer the following questions in English:

Lea el título y los subtítulos únicamente y conteste las siguientes preguntas en inglés:

(a) What sort of place will be described?

(b) What is the main topic?

2 Now read the whole article for overall meaning. Don't try to understand every single word. In some cases you will be able to understand the meaning from context.

Lea el artículo completo:

LA CORDILLERA BLANCA:
INABARCABLE PARAÍSO DE SOL Y NIEVE

Esta zona ofrece enormes atractivos tanto para la contemplación como para los deportes de riesgo.

La Cordillera Blanca, ubicada en el Callejón de Huaylas, 400 kilómetros al noreste de Lima, es la cadena montañosa más alta de los Andes peruanos y de las zonas tropicales de todo el mundo. La belleza de su flora y fauna, nevados y lagunas representa un conjunto de condiciones que favorecen tanto al turismo recreativo, de poco esfuerzo físico, como al de aventura.

El visitante inquieto puede optar por deportes campestres, entre los que se cuentan el canotaje, la bicicleta de montaña, el esquí y, sobre todo, el montañismo y las siempre fascinantes caminatas. A pesar de ser sólo una de las veinte cordilleras que posee el Perú, cada año llegan más y más deportistas extranjeros a coronar algunas de sus altas y difíciles cumbres. Para vivir estas intensas experiencias con la adrenalina que caracteriza a los deportes de acción, el Callejón de Huaylas es un verdadero desafío.

El Callejón también acoge a aquéllos que buscan experiencias más tranquilas. Aunque el río Santa, por su parte, ofrece a los aficionados al canotaje y al kayac rápidos intensos y espectaculares, los pintorescos poblados que se encuentran a lo largo y ancho de la cordillera acogen también a aquellas personas que recorran esta ruta en auto o caminando. En estos casos, el internamiento hacia la montaña es una experiencia fabulosa en la que, en cualquier itinerario, habrá lugar para el asombro ante la belleza y pacificante majestuosidad del lugar.

el canotaje (SpAm)
el rafting (Sp)

(Basado en un artículo de Uccelli, R., 'Cita en la cumbre', *Perú El Dorado*, diciembre–febrero 1996, pp. 36–39.)

3 Read the article again. This time concentrate on the main ideas expressed in each paragraph. Write, in English, what you think the main idea in each is. Then find a sentence from each that justifies your reasoning.

Vuelva a leer el artículo. Después escriba la idea principal de cada párrafo y encuentre frases que apoyen su argumento.

4 Now go back to the second and third paragraphs and identify the words and phrases that are related to the main ideas.

Escriba otras palabras o expresiones relacionadas con la idea de cada párrafo.

Sesión 2   Vamos a hacer planes

In this session you will watch three video sequences which will introduce you to different ways of talking about the future.

Actividad 1.6

In this *actividad* we continue with the topic of adventure sports.

1 Before watching the video sequence, answer the following questions:

Conteste las siguientes preguntas:

(a) ¿Qué deportes de aventura conoce?

(b) ¿Qué deportes se pueden practicar donde vive usted?

2 Watch the video once from 17:58 to 19:58 and reconstruct the questions asked by matching the words on the left with the appropriate options on the right. One has been done for you.

Vea la secuencia de vídeo y reconstruya las preguntas que se hacen uniendo la columna de la izquierda con las correspondientes alternativas en la columna de la derecha:

(a)	¿Qué tipo de actividades	(i)	tenéis?
(b)	¿Qué vais a hacer	(ii)	la próxima salida?
(c)	¿Cuándo será	(iii)	pueden surgir?
(d)	¿Qué planes	(iv)	la salida?
(e)	¿Qué tipo de imprevistos	(v)	hay?
(f)	¿Cómo vais a preparar	(vi)	el próximo verano?

el imprevisto
unforeseen event

3 Read the list of actions and unforeseen events in the table below. Try to identify those that were mentioned in the video. Tick the relevant word or phrase while you watch the sequence again.

Lea la lista de acciones e imprevistos clasificados en la siguiente tabla. Vea la secuencia de vídeo e identifique los que pueda escuchar.

Planes	Imprevistos	Preparativos
Ir en coche	Lluvia	Preguntar a amigos
Ir a caballo	Nieve	Buscar la información en la biblioteca
Llegar arriba	Accidentes	Revisar el material de escalada
Descansar		Alquilar material complementario
Bajar		Comprar el material necesario (lo que haga falta)

4   A useful way of learning new words is by associating them with others which mean the opposite (*antónimos*). Fill in the columns below with words that mean the opposite to those given.

Complete las columnas con acciones del vídeo que signifiquen lo contrario o sean complementarias a las que están escritas a continuación:

Ejemplo

abrir	*cerrar*	nada	. . . . . .
preguntar	. . . . . .	terminar	. . . . . .
desconocido	. . . . . .	arriba	. . . . . .
descenso	. . . . . .	bajar	. . . . . .

You may want to open a section on *antónimos* in your *Diario*.

Atando cabos

Talking about the future

The interview you have just watched shows different ways of expressing future plans:

> ¿Qué **vais a hacer** el próximo verano?

> ¿Cómo **vais a preparar** la salida?

> … **prepararemos** el material necesario…

> … **nos desplazaremos** en coche…

> … **tenemos planeado hacer** unas ascensiones en los Alpes…

They all fit within a number of structures:

Vais a hacer and *vais a preparar* are examples of *ir a* + infinitive ('to be going to'), used to indicate that the event is scheduled or will take place shortly. You will study it in more depth later in the course.

Prepararemos and *nos desplazaremos* are verb forms conjugated in the simple future tense. This tense is preferred when talking about future events in a neutral way, without any particular emphasis on the immediateness of the event or on whether or not it is scheduled.

Tenemos planeado is one of several set phrases available to express intentions or plans for the future.

You may wish to make notes in your *Diario* on the different ways used to talk about future events. Use the following headings:

Ir a + infinitive	Future tense	Set phrases
¿Qué vais a hacer?	Prepararemos el material…	Tenemos planeado unas ascensiones…
	Nos desplazaremos en coche…	

We will now concentrate on the regular forms of the simple future tense. Their formation is quite straightforward – all verbs take the same endings, which are attached to the infinitive:

Infinitives	Endings
hablar	– é
	– ás
beber	– á
	– emos
vivir	– éis
	– án

5   Complete the table below with the appropriate forms of the future tense:

Complete la siguiente tabla con las formas correctas del futuro:

yo	hablaré		viviré
tú		beberás	
él/ella/Ud.			vivirá
nosotros, -as	hablaremos	beberemos	
vosotros, -as			viviréis
ellos/ellas/ Uds.	hablarán		

6   Overleaf are some of the actions listed in step 3. Using the future tense, write down the plans that the group in the video had and the preparations they needed to carry out. Then read the sentences aloud.

A continuación tiene una lista de acciones. Utilícelas para escribir en el futuro los planes y preparativos de los jóvenes del vídeo. Lea las frases en voz alta.

Planes	Preparativos
Ir en coche	Buscar la información en la biblioteca
Llegar arriba	Revisar el material de escalada
Bajar	Comprar el material necesario

Ejemplo

(Los chicos) irán en coche.

Actividad 1.7

In the video you came across several examples of the preposition *hasta*:

'… nos desplazaremos en coche **hasta** el punto […] más cercano.'
'… we will go to the nearest point by car.'

'… iremos caminando **hasta** […] donde empezamos a escalar…'
'… we will walk up to where we start climbing…'

Atando cabos

'Por', 'desde' and 'hasta'

Por has several uses. In the following examples it means 'going through':

Pasaremos **por** cinco provincias.
We will go through five provinces.

Me gusta ir a la universidad **por** el parque.
I like going to the university through the park.

Desde marks a starting point in space or time:

Llueve **desde** abril.
It's been raining since April.

Se ha venido caminando **desde** Madrid.
She has walked from Madrid.

It can also indicate position or perspective:

Te escribiré **desde** Venecia.
I will write to you from Venice.

Desde mi ventana se ve la catedral de Sevilla.
From my window you can see Seville Cathedral.

Hasta marks an end point in space or time:

> Voy a quedarme en este hotel **hasta** el martes.
> I will stay in this hotel until Tuesday.
>
> Viajaremos en tren **hasta** Madrid.
> We will travel by train as far as Madrid.

Hasta appears frequently with *desde* to indicate boundaries in space or time:

> **Desde** aquí **hasta** el castillo tienes que ir a pie.
> From here to the castle you must go on foot.
>
> En Andalucía **desde** mayo **hasta** septiembre hace demasiado calor.
> In Andalusia it is too hot from May until September.

Start a page in your *Diario* on prepositions. Write some notes on these three, together with some examples, so that you remember them in context.

You are going on a trip. Look carefully at the map below. The itinerary starts off at San Pancracio. Answer the following questions using *por, desde* and/or *hasta*, as required:

Fíjese en el siguiente itinerario que parte de San Pancracio. Conteste las preguntas utilizando 'por', 'desde' y/o 'hasta':

Ejemplo

¿Qué recorrido tiene que hacer en burro?

Desde El Portal hasta Tomillo.

1 ¿Cuál es el camino más corto para ir a El Portal desde San Pancracio?

2 ¿Qué recorrido tiene que hacer en tren?

3 ¿Qué recorrido tiene que hacer a pie?

4 ¿Qué meses funciona el velero?

5 ¿Cuál es el camino más largo y difícil para llegar a Castelar?

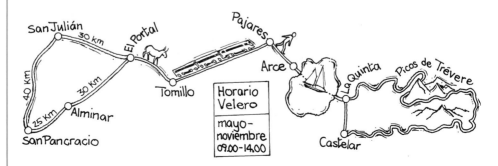

Actividad 1.8

In this *actividad* you are going to watch a video sequence in which four people are asked about their holiday plans.

1 Watch the video once from 19:58 to 20:31 and complete the following table about the holiday destinations mentioned:

Vea la secuencia de vídeo y rellene el siguiente cuadro con los lugares escogidos para las vacaciones:

	Lugar
1	
2	
3	
4	

2 Now watch the sequence again, pausing as often as you need to in order to complete the following sentences. Check your answers on page 9 of the Transcript Booklet.

Ahora vuelva a ver la secuencia, tantas veces como sea necesario para completar las siguientes frases. Compruebe sus respuestas en el Cuadernillo de transcripciones (página 9).

Pregunta

¿Qué vas a hacer en tus próximas vacaciones?

(a) Pues este año me ...... por Galicia.

(b) Eh… ......a Rumanía.

(c) Bueno, para mis próximas vacaciones ...... con mi familia a pasar las próximas fiestas de fin de año al estado de Michoacán.

(d) ¿Qué voy a hacer en mis próximas vacaciones? En mis próximas vacaciones ...... a la playa y ...... de disfrutar del mar lo más que pueda.

Atando cabos

'Querer' to express future plans

We have already seen *tenemos planeado* expressing future plans. In answer (b) above, the speaker uses *quiero irme*. You may find it useful to note this phrase in your *Diario*.

3   Watch the video sequence again and read aloud, trying to imitate the speed and rhythm of the speakers.

Vuelva a ver el vídeo y lea en voz alta las respuestas a las preguntas del ejercicio anterior.

4   What are **you** doing during your holidays? Answer in Spanish in 30–35 words, as spontaneously as you can.

Y usted, ¿qué va a hacer en sus próximas vacaciones? Conteste en español de una manera espontánea.

Actividad 1.9   Here you will be dealing with information about Spanish attitudes to holidays and holiday destinations.

1   First, spend some time familiarizing yourself with the information and vocabulary in the tables and graphs overleaf, checking any new words in the dictionary.

Primero familiarícese con la información y el vocabulario de los gráficos. Busque en el diccionario las palabras que no comprenda.

Atando cabos

Collective nouns and indefinite adjectives

You have previously come across *todos, muchos, algunos* and *la mayoría*. They appeared as pronouns in sentences like:

La mayoría está de acuerdo…

Algunos piensan que…

Todos creen que…

Muchos opinan que…

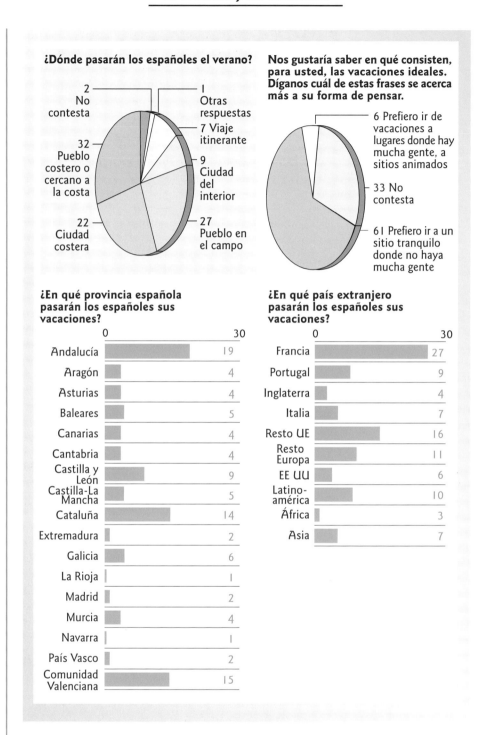

¿Dónde pasarán los españoles el verano?

- 2 No contesta
- 1 Otras respuestas
- 7 Viaje itinerante
- 9 Ciudad del interior
- 27 Pueblo en el campo
- 22 Ciudad costera
- 32 Pueblo costero o cercano a la costa

Nos gustaría saber en qué consisten, para usted, las vacaciones ideales. Díganos cuál de estas frases se acerca más a su forma de pensar.

- 6 Prefiero ir de vacaciones a lugares donde hay mucha gente, a sitios animados
- 33 No contesta
- 61 Prefiero ir a un sitio tranquilo donde no haya mucha gente

¿En qué provincia española pasarán los españoles sus vacaciones?

	0	30
Andalucía		19
Aragón		4
Asturias		4
Baleares		5
Canarias		4
Cantabria		4
Castilla y León		9
Castilla-La Mancha		5
Cataluña		14
Extremadura		2
Galicia		6
La Rioja		1
Madrid		2
Murcia		4
Navarra		1
País Vasco		2
Comunidad Valenciana		15

¿En qué país extranjero pasarán los españoles sus vacaciones?

	0	30
Francia		27
Portugal		9
Inglaterra		4
Italia		7
Resto UE		16
Resto Europa		11
EE UU		6
Latino-américa		10
África		3
Asia		7

(Basado en un artículo de Sánchez Vidal, A., 'Del veraneo de ayer a las vacaciones de hoy', *Manifiesto*, no. 3, agosto 1997, pp. 54–57. Fuente original: CIS 1995 y 1996.)

2 Here you will practise using *todos, muchos, algunos,* etc., as adjectives preceding nouns. Use the collective nouns and indefinite adjectives given below to make sentences about where Spaniards are likely to go on holiday next summer. Look back at the tables and graphs and write two sentences for each, using as many structures as possible, as in the example.

Use los siguientes sustantivos colectivos y adjetivos indefinidos para hacer frases relacionadas con los lugares adonde los españoles van a ir el próximo verano. Escriba dos oraciones por cada gráfico.

Todos Casi todos La mayoría de Una pequeña parte de	los españoles
Muchos Algunos Pocos	españoles

Ejemplo

¿Dónde pasarán los españoles el verano?

Muchos españoles pasarán el verano en un pueblo costero o cercano a la costa.

Una pequeña parte de los españoles pasará el verano en una ciudad del interior.

Actividad 1.10

The last video sequence that you will watch in this *unidad* is about hobbies.

1 Before watching it, write down a few names of hobbies in Spanish that you know.

¿Se acuerda de algunos nombres de aficiones en español? Escríbalos.

2 Watch the video once from 20:31 to 21:06. Write the number of the person interviewed in the appropriate box:

Vea la secuencia de vídeo y escriba en los recuadros el número de la persona entrevistada que tiene esa afición:

Ejemplo

Escribir	①️			
La lectura	☐	☐	El deporte	☐
El cine	☐		La tabla hawaiana	☐
La música clásica	☐			

la tabla hawaiana (SpAm)
surfing, surf-board

139

Atando cabos

Talking about hobbies

The people interviewed in the video used the verbs *gustar* and *encantar* to talk about their hobbies:

> **Me gusta** escribir y leer.
> I like writing and reading.

> **Me encanta** la música clásica.
> I love classical music.

This type of verb is used in the third person singular when followed by an infinitive or a singular noun, as in the examples, and in the third person plural if it is followed by a plural noun:

Singular			Plural		
Me			Me		
Te	gusta	escribir.	Te	gustan	las novelas románticas.
Le	encanta	leer.	Le	encantan	
Nos	interesa	el piano.	Nos	interesan	las películas europeas.
Os	apasiona	la música.	Os	apasionan	
Les			Les		

The pronouns before these verbs (*me, te, le,* etc., which are called indirect object pronouns) tell us who likes something: *me gusta:* I like; *te gusta:* you like; *le gusta:* he/she/you (formal) like(s); and so on. For further information on object pronouns, see under 'Object' on page 46 of the Study Guide.

When talking about a particular person or persons, we need the preposition *a* before the name to make it clear that he/she/they is the indirect object:

> **A Juan** le gusta nadar.
> Juan likes swimming.

> **A mi hermano** le gusta la playa.
> My brother likes the beach.

> **A mis amigos** les gusta el cine.
> My friends like the cinema.

> **¿A usted** no le gusta el chorizo?
> Don't you like chorizo?

Notice that the pronouns *le* or *les* have to be used and that 'I like' and 'you like' become *A mí me gusta(n)* and *A ti te gusta(n)* respectively.

3 Write one sentence for each situation below, using the vocabulary given in the box:

Escriba una frase por cada situación que se da a continuación, utilizando el vocabulario del recuadro:

Ejemplos

Juan   A Juan le gusta leer.

¿Lola?   ¿A Lola le gustan las flores?

(a) Yo

(e) ¿Vosotros?

(b) ¿Tú?

(f) ¿Ustedes?

(c) Ana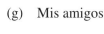

(g) Mis amigos

(d) Nosotros

(h) ¿Mis hermanos?

4 Now listen to Extract 1 of Side 2 of the Activities Cassette. Answer the questions about hobbies following the prompts.

Escuche el Extracto 1 en la Cara B de la Cinta de actividades. Conteste las preguntas siguiendo el estímulo.

5 Write a short paragraph about what you like doing in your spare time, following the example given in Extract 2 of Side 2 of the Activities Cassette. See also page 19 of the Transcript Booklet.

Escriba algunas líneas sobre lo que le gusta hacer en su tiempo libre, siguiendo el modelo que se le da en el Extracto 2 en la Cara B de la Cinta de actividades. Vea también su Cuadernillo de transcripciones, página 19.

6 Now read your paragraph aloud. Then listen to the model on the Cassette again and try to improve your own version before reading it aloud a second time.

Lea su párrafo en voz alta. Vuelva a escuchar el modelo y trate de mejorar su versión.

Pronunciación

Do the exercises in *Práctica 5* of the Pronunciation Practice Cassette and Booklet, which concentrate on the sound 'r' in words like *aventura* and *hacer.*

Sesión 3   De viaje

In this session we talk about plans for the immediate future, mainly in the context of travelling and holidays.

Actividad 1.11

1   Before listening to the Activities Cassette, look at these words from the recording and try to guess what the extract is about.

Aquí tiene algunas palabras del extracto de audio. ¿De qué trata?

desastre

pasaporte

chaqueta

avión

lavadora

Cartagena de Indias

2   Now listen to Extract 3. Tick the boxes which refer to what you have just heard (more than one is possible):

Lea la lista de temas, luego escuche el Extracto 3. Marque las opciones que describen lo que ha escuchado:

ni siquiera
not even

(a) Buying clothes in Colombia.   ❑

(b) Problems with passport.   ☑

(c) A disaster in Bogotá.   ❑

(d) Difficulties in adapting to, for example, day and night
     patterns in Colombia.   ☑

3   Listen to the extract again and choose the best way to complete the sentences below:

Vuelva a escuchar el extracto y elija la mejor forma de completar las siguientes frases:

(a) Quico could not find his passport

    (i)   because his mother had it.   ❑

    (ii)   because it was in a coat.   ❑

    (iii) because it was in a jacket in the washing machine. ☑

(b) It was hard for him to adapt to life in Colombia

    (i)   because there were many new sensations: colours,
        scents, short sunsets.   ❑

    (ii)   because people are very different there.   ❑

    (iii) because there people turn the lights off very early. ❑

4 Which structure does Quico use when he talks about what it is going to be like when the plane lands in Cartagena? If you don't remember, listen to the extract again or refer to pages 19–20 of the Transcript Booklet.

¿Qué estructura usa Quico cuando habla de cómo va a ser cuando llegue a Cartagena?

5 Go to the transcript of Extract 3 on pages 19–20 of the Booklet and find other examples of *ir a* + infinitive. If you feel that any of them are particularly useful for you, make a note in your *Diario*.

Vaya al Cuadernillo de transcripciones y busque otros ejemplos de 'ir a' + infinitivo. Escríbalos en su Diario si cree que son útiles.

In many contexts *ir a* + infinitive *(e.g. 'Voy a llegar…')* and the simple future *(e.g. 'Llegaré…')* are interchangeable. However, *ir a* + infinitive is preferred when intention, determination and immediateness are being emphasized. Can you remember all the forms of the present tense of *ir*? Refer to page 272 of your Spanish Grammar if you are unsure.

Actividad 1.12

1 We are now at the airport. Here is a list of words and expressions related to either leaving or arriving. Classify them in the table below according to the order in which they normally happen:

Clasifique las siguientes palabras y expresiones y colóquelas en el orden que ocurren normalmente:

despegar
to take off (of an aeroplane), e.g. *El avión despegó*. When referring to people, Spanish uses *salir*, e.g. *Salimos a las dos*.

desembarcar, facturar el equipaje, despegar, aterrizar, embarcar, recoger el equipaje

Salida	Llegada

2 Read the information on the airport screen overleaf about flight departures and arrivals:

Lea la información que aparece en la pantalla del aeropuerto:

143

SALIDAS		
VUELO	DESTINO	ESTADO
IB3425	Londres	Embarque puerta no. 5
VS865	Chicago	Retraso de 20 minutos
AA2943	Buenos Aires	Facturación equipaje
LLEGADAS		
VUELO	PROCEDENCIA	ESTADO
BA2835	Mánchester	Aterrizando
LH6432	Múnich	Recoger equipaje
AV016	Bogotá	En aduana

3 Write a sentence for each passenger, couple or group, stating what they are going to do in the immediate future according to the screens:

Escriba una frase por cada pasajero, pareja o grupo indicando qué van a hacer próximamente según las pantallas:

Ejemplo

El señor González tiene billete para el vuelo IB3425.

El señor González va a embarcar por la puerta no. 5.

(a) Los señores Palma tienen billete para el vuelo VS865.

(b) La familia Ventura tiene billete para el vuelo AA2943.

(c) Juan viene en el vuelo BA2835.

(d) La señora Perdomo y sus hijos tienen billete para el vuelo LH6432.

(e) Marta y Luis Cantillo vienen en el vuelo AV016.

4 Read your sentences aloud, then go to Extract 4 and answer the questions about these passengers following the prompts.

Lea las frases en voz alta, luego escuche el Extracto 4 y responda a las preguntas.

Actividad 1.13

You are going to listen to two extracts in which Raquel talks about her holidays. Notice how she suddenly switches from the first person plural (*nosotros*) to the second person singular (*tú*):

'Y nada, nos vamos un mes, te alquilas una casa y estás tranquilamente...'

1 In the spoken language you will often find that people start talking in the first person *(yo)* and then switch to infinitives (e.g. *hablar*), to the second person singular *(tú)* or to impersonal sentences (*se* + verb in tense). Keep this in mind when listening to authentic language. The important thing is to listen for key words and expressions which will allow you to keep up with what is being said. Listen to Extract 5 and make notes of the key words / expressions.

Escuche el Extracto 5 y tome notas.

2 Listen to Extract 5 again, followed by Extract 6, and say whether the following statements are true or false:

Lea las siguientes afirmaciones y, después de escuchar los Extractos 5 y 6, indique si son verdaderas o falsas:

	Verdadero	Falso
(a) Ella suele ir de vacaciones con la familia a la sierra.	☐	☑
(b) Durante las vacaciones ella ve a los amigos y a la familia.	☑	☐
(c) En la maleta lleva libros porque tiene que preparar exámenes.	☐	☑

3 Listen to Extract 5 again and tick the activities Raquel does on her holidays:

Vuelva a escuchar el Extracto 5 y marque las actividades que Raquel realiza en sus vacaciones:

(a) Acostarse tarde.	☑
(b) Levantarse temprano.	☐
(c) Pasar todo el día en la playa.	☑
(d) Comer en casa.	☐
(e) Estar con la familia y los amigos.	☑

4 Now listen to Extract 6 again and, looking at the illustration overleaf, tick the objects Raquel takes with her on holiday:

Vuelva a escuchar el Extracto 6 y marque los objetos que Raquel lleva para sus vacaciones:

145

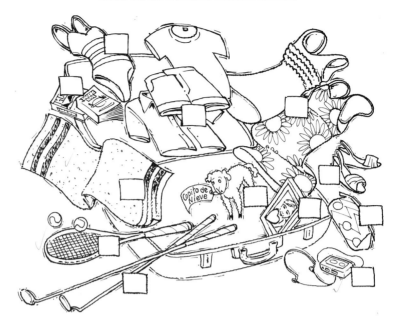

5 Now it is your turn to talk about your holidays. Read the questions in Extract 7 of the Transcript Booklet and think how you would answer them. Then listen to the Cassette. Try to say your answers aloud without reading them.

Lea las preguntas y piense cómo contestarlas. Vaya al Extracto 7 y contéstelas.

6 Now listen to some possible answers on Extract 8.

Escuche el Extracto 8.

Actividad 1.14

1 Opposite (top) are several words and expressions related to sports, holidays and hobbies. Classify them according to whether each expression relates to one, two or all three circles.

Coloque el vocabulario en la sección correspondiente.

2 Opposite (bottom) is a set of advertisements for four different types of holiday, plus a short description of four people's interests and characters. Match each holiday with the appropriate personality and explain your reasons in Spanish.

Decida qué tipo de viaje escogería cada persona de acuerdo a sus preferencias y explique por qué.

Ejemplo

(a) – (ii) Porque a John le apasiona Galicia y sueña con ser peregrino de Santiago.

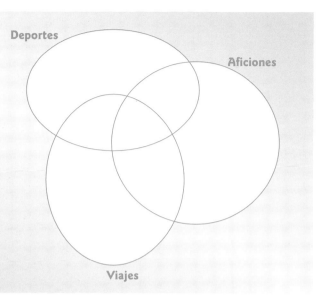

horario
en avión
competitivo
ir a conciertos
la música clásica
ciclismo
itinerario
recorrido a pie
el cine
de aventura
ruta
aterrizar
ver ruinas históricas
senderismo

Deportes

Aficiones

Viajes

(a)
UNA EXPERIENCIA INOLVIDABLE

En agosto, el camino de Santiago a pie.

Salida: el 1 de agosto de Pamplona.

Recorrido diario: aproximadamente 40 km.

Paradas en distintos puntos del viaje.

Alojamiento: en albergues de peregrinos y pensiones del camino.

Duración de la caminata: 30 días.

(b)
PUERTO RICO CLUB BAHÍA REY

Las vacaciones de sus sueños.

Vuelo regular.

Estancia en hotel de cuatro estrellas: 120.000 ptas por 7 noches.

El precio incluye excursión de medio día a Sosúa o Cabarete.

Una semana en playas paradisíacas.

(c)
TURISMO ECUESTRE EN CASTILLA

Rutas de los pueblos de la Vera a caballo.

Incluye: transporte desde Madrid, caballos equipados, cuatro noches de estancia en un hotel y pensión completa.

Salida: el 10 de agosto.

(d)
EL IMPERIO DE LOS INCAS

Duración del viaje: 15 días, 14 noches.

El precio incluye: vuelo regular Madrid-Lima-Madrid, alojamiento en hotel de tres estrellas, vuelo Lima-Cuzco-Lima, excursiones a Machu Picchu y Ollaytatambo.

Gestión de visado también incluida.

(i) *Nombre* Juan Fuentes

Empleo Director de una compañía de seguros

Aficiones Visitar países exóticos

En vacaciones No hacer nada, tomar el sol, desconectar de todo

(ii) *Nombre* John Leadbetter

Empleo Profesor universitario de español

Aficiones Todo lo relacionado con Galicia

En vacaciones Sueña con ser peregrino de Santiago

(iii) *Nombre* Mónica Ibarra y Pepe Carvajal

Empleo Profesores de educación física

Aficiones La naturaleza

En vacaciones El campo

(iv) *Nombre* Sol Andrade de Hidalgo

Empleo Ama de casa

Aficiones Viajar con su marido

En vacaciones Conocer culturas y estilos de vida distintos

3 Now choose a trip for yourself and write 25–30 words explaining why you would choose it. Start your paragraph with *'Yo prefiero las vacaciones...'*.

Ahora elija un viaje para usted y escriba un par de frases explicando por qué.

Make a note in your *Diario* of any vocabulary you found particularly useful.

Actividad 1.15

contar un chiste
tell a joke

Turn to Extract 9 on page 21 of the Transcript Booklet and read the jokes on *viajes* and *vacaciones,* making sure you understand them fully. Then listen to them on the Activities Cassette.

Primero lea los chistes, luego escúchelos en la Cinta de actividades, Extracto 9.

Del dicho al hecho

Get hold of a newspaper in Spanish. Look for headings which use the structures you have studied to talk about the future. Read the subheadings for other clues about content: is it about international affairs? National politics? Regional news? The economy? Sport? Scan the article for verbs or expressions referring to the future. Make a note of useful expressions in your *Diario*.

Unidad 2 *¡Contamos contigo!*

In this *unidad* you will listen to the second episode of the Audio Drama. You will also revise and extend ways of talking about the future, and learn to express conditions and outcomes.

Learning Objectives

By the end of this *unidad* you should be able to:

- Understand how to form the future tense of irregular verbs;

- Talk about conditions which may or may not be fulfilled;

- Talk about the future.

Key Learning Points

Sesión 1

- Communicating intentions and feelings: showing anger, surprise, etc.

- Using irregular verbs in the future tense.

- Using conditional sentences with the pattern: *si* + present tense... future tense.

- Pronouncing 'd'.

Sesión 2

- Using the present tense to talk about the future.

- Using the preposition *por* to express reason.

- Using the dictionary effectively.

- Pronouncing 'g' and 'j' in words like *gente* and *jamón*.

Sesión 3

- Time expressions relating to future events.

- Introduction to impersonal sentences.

- Pronouncing 'g' in words like *jugar* and *llegué*.

Study chart

Activity	Timing (minutes)	Learning point	Materials
		Sesión 1 *¡Y un jamón!*	
2.1	30	Listening for general meaning	Audio Drama Cassette
2.2	20	Using intonation to communicate meaning	Activities Cassette, Transcript Booklet
2.3	35	Talking about the future using irregular verbs	Activities Cassette, Spanish Grammar
2.4	20	Conditional sentences: *si* + present tense… future tense	
2.5	20	Expressing conditions and outcomes	
	10	**Pronunciation**: the 'd' sound	Pronunciation Practice Cassette and Booklet
		Sesión 2 *Esta noche salimos*	
2.6	25	Talking about the future using the present tense	Activities Cassette
2.7	10	Extending the use of conditional sentences: *si* + present tense… present tense	
2.8	30	Revising plans, conditions and use of the future	Activities Cassette
2.9	30	Further uses of the preposition *por*	Activities Cassette, Transcript Booklet
	10	**Pronunciation**: the soft 'g'/'j' sound	Pronunciation Practice Cassette and Booklet
		Sesión 3 *Deportes*	
2.10	50	Practising time expressions related to future events	Activities Cassette, Transcript Booklet,
2.11	30	How things are done: introduction to impersonal sentences	Activities Cassette
2.12	10	Sports quiz	
2.13	30	Revision	Activities Cassette
	10	**Pronunciation**: the hard 'g' sound	Pronunciation Practice Cassette and Booklet

Sesión 1 ¡Y un jamón!

In this session you will listen to the second episode of the Audio Drama, *¡Y un jamón!*

Actividad 2.1

The episode centres around a game of draughts, a pastime which Don Zacarías particularly enjoys.

1 Before listening to the episode, look at the list of games and the pictures of items of equipment with which some of them are played. Match the games with the items needed to play them. Some games may have items in common.

Una con una línea cada juego con el objeto necesario para jugarlo. Algunos juegos pueden tener objetos en común.

Las damas

El ajedrez

El dominó

El parchís

El mus

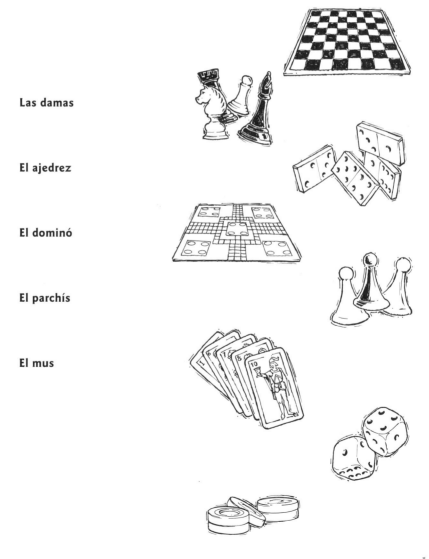

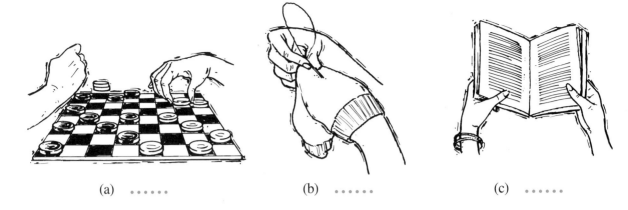

(a) · · · · ·   (b) · · · · ·   (c) · · · · ·

2 Now listen to the narrator introduce the second instalment of the Audio Drama. Concentrate on understanding what the characters are doing and write their names below the relevant picture.

Ahora escuche al narrador en la introducción al segundo episodio. ¿Qué hace cada personaje? Escriba el nombre de cada uno debajo del dibujo correspondiente.

3 Read the following pairs of sentences, then listen to the complete episode. Tick the version you consider most accurate:

Lea los resúmenes de las distintas partes del episodio. Luego escuche el episodio completo. Hay dos versiones de estas partes de la trama: marque la que usted considere más apropiada:

(a–i)	El fin de semana, don Zacarías participará en un campeonato de damas que se celebrará en su barrio.	☑
(a–ii)	El fin de semana, don Zacarías participará en un campeonato de ajedrez que se celebrará en su barrio.	☐
(b–i)	Mientras juega contra Carlos, don Zacarías le explica a Rosita las fases del campeonato.	☐
(b–ii)	Mientras juega contra Carlos, don Zacarías habla con Rosita sobre su pueblo.	☐
(c–i)	Isabel le pregunta a Rosita sobre su visita al médico.	☐
(c–ii)	Rosita le pregunta a Isabel sobre su visita al médico.	☑
(d–i)	Don Zacarías hace trampa en el juego pero nadie lo descubre.	☐
(d–ii)	Don Zacarías hace trampa en el juego pero Isabel lo descubre.	☑
(e–i)	Don Zacarías gana la partida.	☐
(e–ii)	Don Zacarías pierde la partida.	☑

152

4 Another useful way of learning words is by making notes with their definitions. Complete the following sentences from the Audio Drama with the words defined in brackets. Note new vocabulary and definitions in your *Diario*.

Complete las siguientes frases con las palabras que se definen entre paréntesis. Luego escriba en su Diario el nuevo vocabulario con sus definiciones.

> ganar, perder, empatar, hacer trampas, distraerte, jugar

Ejemplo

¿Qué es eso de hacer tablas?

Significa ...... con el adversario.

(Conseguir la misma puntuación que el adversario.)

Significa **empatar** con el adversario.

(a) Así, ¿cómo vas a ...... ?

(Derrotar a un contrario.)

(b) ¡Claro que sí! Eso te pasa por ....

(No poner atención.)

(c) Creo que usted no sabe ...., don Zacarías.

(Quedar el último en un juego, lo contrario de ganar.)

(d) Para ...... a las damas hay que estar más atento.

(Participar en un juego.)

(e) ¡Yo no necesito ...... para ganar!

(Jugar sucio.)

Actividad 2.2

In this *actividad* you will see how language is used in the Audio Drama to express anger, to tease or to plead.

1 Read Extract 10 on page 21 of the Transcript Booklet. Find the expressions in the table overleaf and underline them. Then think about their intention or purpose and draw a line between the expressions and the effects they achieve.

¿Qué objetivo tienen las expresiones que siguen? Marque cada una con uno de los efectos de la columna de la derecha.

Expression	Effect achieved
(a) '¡Venga, cuéntamelo!'	(i) Expressing surprise
(b) '¡No hagáis tanto ruido!'	(ii) Rebuking
(c) '¡Mire, don Zacarías, que lo vi!'	(iii) Pleading
(d) '¿Pero qué estás diciendo, Isabel?'	(iv) Accusing
(e) '¡Abuelo, abuelo, que te han pillado!'	(v) Teasing

2 In speech, we can convey a great deal of meaning by varying our intonation, pitch and stress. All these features contribute greatly to the effect of what is said. Listen to Extract 10 of the Activities Cassette, which you read in step 1. Read it aloud as you listen.

Escuche el Extracto 10. Léalo de nuevo a la vez que lo escucha.

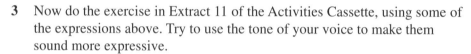

3 Now do the exercise in Extract 11 of the Activities Cassette, using some of the expressions above. Try to use the tone of your voice to make them sound more expressive.

Vaya al Extracto 11 y utilice algunas de las expresiones anteriores, de una manera espontánea.

¿Sabía Ud. que...?

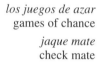

El juego de ajedrez y un gran número de juegos de azar fueron introducidos en España por los árabes durante su larga ocupación de la península (siglo VIII a siglo XV), de ahí que las palabras 'ajedrez' y 'azar' sean préstamos de la lengua árabe. También es curioso que la expresión que se utiliza en el juego de ajedrez para indicar que la partida está ganada, 'jaque mate', literalmente significa '*jeque* matado': *jeque* es el nombre genérico de los jefes de las tribus árabes.

los juegos de azar
games of chance

jaque mate
check mate

Actividad 2.3

1 In which tense is the highlighted verb in the following sentence, taken from the Audio Drama?

¿En qué tiempo está el verbo de la siguiente frase?

Ahora **me fijaré** un poco más.

2 Now underline the verbs in the future tense that appear in the following sentences:

Subraye los verbos que aparecen en futuro en las siguientes frases:

(a) Empezará a las doce y será a tres partidas, pero si hay empate, se seguirá jugando.

(b) ¿Éstas son las tácticas que empleará en el campeonato?

(c) Fíjate más en el juego y luego podrás discutir.

You may have noticed that *podrás* is irregular and therefore does not follow the same pattern as the other verbs that you have underlined.

Atando cabos

Irregular verbs in the future tense

The verbs that follow are all irregular, but as a group they do follow some sort of pattern. For more information on verbs that are irregular in the future, go to page 251 of your Spanish Grammar book. Make some notes in your *Diario* if you think it would be useful.

Infinitive	Future tense (first person singular)	Examples
Poder	podré	Mañana **podré** salir por la noche.
Saber	sabré	El jueves **sabré** los resultados del examen.
Tener	tendré	El viernes **tendré** visita en casa.
Poner	pondré	**Pondré** estas flores en el jarrón.
Venir	vendré	**Vendré** a verte después del fútbol.
Salir	saldré	**Saldré** de Madrid a las cinco.
Decir	diré	Siempre te **diré** la verdad.
Hacer	haré	Esta tarde **haré** las maletas.
Querer	querré	¡No **querré** más!

3 Listen to Extract 12 and answer the questions following the prompts, as in the example.

Escuche el Extracto 12 y conteste las preguntas siguiendo el ejemplo.

4 Complete the letter overleaf that Don Zacarías has written to his friends in the village by putting the verbs in brackets into the appropriate form of the simple future tense:

Complete la carta que don Zacarías ha escrito a sus amigos del pueblo, conjugando los verbos entre paréntesis en el futuro simple:

Madrid, 20 de mayo de 1999

Queridos Marcelino, Tomaso y Manolo:

Os escribo unos días después de mi llegada a Madrid. Copito de Nieve y yo nos vamos adaptando poco a poco al estilo de vida de la ciudad. Pero os (decir, yo) ...... que la gente de aquí es un poco especial. Cuando saco a Copito de Nieve a pasear, siempre hay alguien que me pregunta: '¿De qué raza es su perro?' ¡Pero, bueno, no está claro que es una oveja!

Estoy muy contento porque me he apuntado a un campeonato de damas que se (celebrar) ......el fin de semana. (tener, yo) ......que entrenar a fondo si quiero ganar. Mi nieta dice que (venir, ella) ...... a verme. Yo creo que (haber) ...... mucho público porque todos los vecinos del bloque me han prometido que (venir, ellos) ...... también. No sé si (poder, yo) ...... emplear mis tácticas habituales porque ya sabéis que en la ciudad 'las reglas del juego' son diferentes a las del pueblo. ¡Ah! No os he contado lo mejor. Si gano, me (dar, ellos) ...... un jamón. Si consigo el jamón, (hacer, nosotros) ...... una fiesta en el piso, y ¡(demostrar, yo)...... que con dientes postizos se come jamón muy bien! ¿A que sí?

Bueno, un saludo a todos, ya os (poner, yo) ...... al día de los resultados del campeonato en mi próxima carta.

Zacarías

poner al día
to keep up to date

Actividad 2.4

1 Look at the table below. On the left is a list of conditions, on the right the possible outcomes. Match each condition with its logical outcome:

Una la condición con su consecuencia lógica:

Condition	Outcome
Si gano,	no saldré.
Si llueve,	os regalaré un jamón.
Si bebo,	te responderé pronto.
Si necesitas ayuda,	no conduciré.
Si me escribes,	yo te ayudaré.

Atando cabos

Conditional sentences

The sentences in the table are all conditional sentences.

Condition	Outcome
Si gano,	os regalaré un jamón.
Si + *present tense*…	*future tense.*

The conditional sentences which follow this pattern are often referred to as 'open conditions' because they are equally likely or unlikely to be fulfilled.

2   The implication in the advertisements below is that, if you purchase the product, your life will change for the better. Read them and complete the table overleaf with the possible consequences. There may be more than one possible outcome, in which case choose the one that appeals most to you. The first has been done for you.

Lea los siguientes anuncios y complete el recuadro con las consecuencias de cada actividad.

RUMBOSOFT BEEP 99
Con RUMBOSOFT BEEP 99 navegará sin problemas la Internet
Todo al alcance de su pantalla.
Adquiera su ordenador en su distribuidor habitual y recibirá gratuitamente todo el software para conectarse a la Internet.
www.rumbosoft.com.es/beep/

PPV POR UN PLANETA VIVO

Aunque es ilegal traficar con especies animales, cada año se venden millones de aves exóticas, peces tropicales y pieles de felinos.
Si quieres evitar este tráfico ilegal, hazte socio de PPV.
¡Tu ayuda es importante!

Rellena este cupón y envíalo a: PPV, c/ Santo Tomás 3, 28010 Madrid.
Nombre: _____ Apellidos: _____
Dirección: _____
Deseo contribuir con _____ ptas.

HOT POP

La mejor guía de música y cine del mercado

Con la guía HOT POP tienes la oportunidad de:

○ escuchar la música antes de comprarla
○ encontrar los discos y vídeos que no encuentras en las tiendas
○ comprar cómodamente desde casa.

Suscripción gratuita. Llama al 902 521 521.

JÚPITER
Otra forma de ver la vida
Con la potencia de un motor de 45 CV y 16 V.
Con la elegancia de su diseño único.
Con espacio para todos y para todo.
¿Quiere vivir intensamente?
Viva con JÚPITER de MIAT.

ExtraCrédito… para TODOS su

¿Necesita un coche nuevo?
¿Desea reformar su casa?
¿Le gustaría mandar a su hijo a estudiar al extranjero?
Todo esto podrá conseguirlo con el ExtraCrédito de Bancunter.
Infórmese en el 903 461461 para hacer realidad sus sueños.

Condition	Outcome
Si solicita el ExtraCrédito de Bancunter,	podrá reformar su casa.
Si te suscribes a la guía Hot Pop,	
Si compra el modelo Júpiter de coches Miat,	
Si te haces socio de PPV,	
Si adquiere Rumbosoft Beep 99,	

3 Note that some advertisements address potential customers as *usted,* whereas others use *tú.* Why do you think this is the case?

¿Por qué usan algunos anuncios 'usted' y otros 'tú'?

Actividad 2.5

You have been asked to help promote a club for retired people (*club de jubilados*), of which Don Zacarías is a member. You have decided to write a flyer encouraging people to join the club. Below are some notes that a Spanish friend has made on its structure and content. Using these notes, write out the flyer in the space provided:

A continuación tiene unas notas que su compañero ha escrito para diseñar la circular. Complete el anuncio utilizando esa información:

CLUB DE JUBILADOS ARCO IRIS

¡Apúntate al club de jubilados ARCO IRIS!

Si tienes 65 años o más...

Si...

¡Anímate y ven!

CLUB DE JUBILADOS ARCO IRIS

¡Apúntate al club de jubilados ARCO IRIS!

Requisitos:
– Edad: mayor de 65
– Dirección: Barrio Sol
– Intereses:...

¡Anímate y ven!

Beneficios:
– Conocer gente nueva
– Participar en excursiones organizadas
– Disfrutar de las instalaciones del club (salón de juegos, bar, restaurante)

Pronunciación

Do the exercises in *Práctica 6* of the Pronunciation Practice Cassette and Booklet, which concentrate on the sound represented by 'd' in words like *damas, partida* and *Madrid.*

Sesión 2   Esta noche salimos

In this session you will practise other ways of referring to future events.

Actividad 2.6

Atando cabos

Expressing the future using the present tense

So far you have used the present tense to talk about actions that take place regularly, e.g. routines. In the following examples, the present tense expresses the future, especially when referring to pre-arranged or scheduled events. You may wish to note this usage in your *Diario*.

> Juan **viene** mañana a comer a casa.

> El sábado **representan** *Bodas de sangre* en el teatro Lope de Vega.

> La celebración del comienzo del tercer milenio **es** en el 3001.

The verb *ser* is commonly used in the present tense for statements about calendar fixtures. For example, look at the following sentences from the Audio Drama:

> **Rosita** ¿A qué hora es el campeonato, abuelo?

> **Zacarías** La primera fase, la eliminatoria, es el sábado por la mañana, a las nueve. Las semifinales son por la tarde y la final es el domingo.

They are all in the present tense but refer to future events.

There is little room for ambiguity when the present tense is used to refer to future events because of the accompanying time expressions (*mañana, el sábado, esta noche*, etc.), or the context in which it appears.

1   Listen to Extract 13. You will hear five recordings in which the present tense is the dominant tense. Decide whether they refer to present or future events. Tick the correct column in the table below. The first has been done.

Escuche el Extracto 13. Decida si están hablando del momento presente o si la idea de futuro es más prominente. Márquelo en la siguiente tabla:

	Refers to the present	Refers to the future
(a)	✓	
(b)		
(c)		
(d)		
(e)		

2 Write sentences about each of the events below, following the example:

Escriba frases para cada uno de los siguientes hechos, siguiendo el ejemplo:

Ejemplo

El 13 de marzo…

El 13 de marzo Marta Sánchez tiene una clase de conducir.

(a) El 31 de diciembre…

(b) El 19 de diciembre…

El 26 de diciembre…

(c) El 20 de junio…

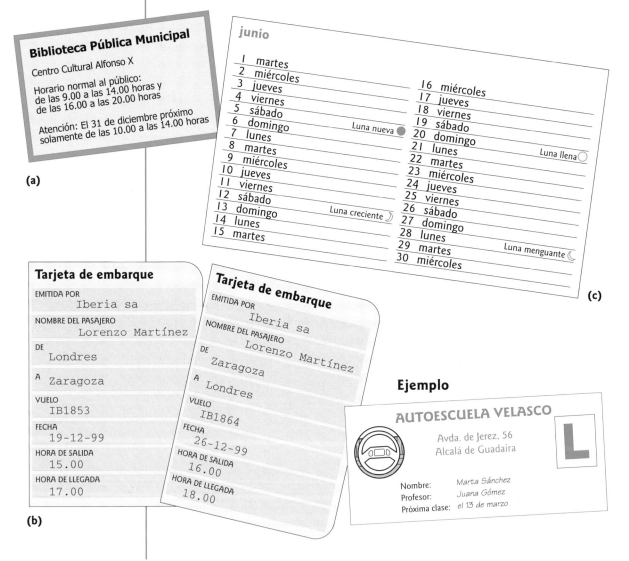

Biblioteca Pública Municipal

Centro Cultural Alfonso X

Horario normal al público:
de las 9.00 a las 14.00 horas y
de las 16.00 a las 20.00 horas

Atención: El 31 de diciembre próximo
solamente de las 10.00 a las 14.00 horas

(a)

junio

1	martes
2	miércoles
3	jueves
4	viernes
5	sábado
6	domingo	Luna nueva ●
7	lunes
8	martes
9	miércoles
10	jueves
11	viernes
12	sábado
13	domingo	Luna creciente ☽
14	lunes
15	martes

16	miércoles
17	jueves
18	viernes
19	sábado
20	domingo
21	lunes	Luna llena ○
22	martes
23	miércoles
24	jueves
25	viernes
26	sábado
27	domingo
28	lunes
29	martes	Luna menguante ☾
30	miércoles

(c)

Tarjeta de embarque

EMITIDA POR
Iberia sa

NOMBRE DEL PASAJERO
Lorenzo Martínez

DE
Londres

A Zaragoza

VUELO
IB1853

FECHA
19-12-99

HORA DE SALIDA
15.00

HORA DE LLEGADA
17.00

(b)

Tarjeta de embarque

EMITIDA POR
Iberia sa

NOMBRE DEL PASAJERO
Lorenzo Martínez

DE
Zaragoza

A Londres

VUELO
IB1864

FECHA
26-12-99

HORA DE SALIDA
16.00

HORA DE LLEGADA
18.00

Ejemplo

AUTOESCUELA VELASCO

Avda. de Jerez, 56
Alcalá de Guadaira

L

Nombre: Marta Sánchez
Profesor: Juana Gómez
Próxima clase: el 13 de marzo

Actividad 2.7

You are about to find out about a board game called *En rumbo*. It is played with a die and a counter for each participant. The aim is to get your counter to the *Puerto* before your opponents do.

1 Before you read the rules, look at the following sentence, which is also taken from the Audio Drama:

Mire la siguiente frase:

Si ganas una partida, te **llevas** dos puntos.

Atando cabos

More conditional sentences

In *Actividad 2.4*, you saw this type of conditional sentence:

Si gano,   os regalaré un jamón.

Si + *present tense*...   *future tense*

Since the present tense is also used to talk about the future, it also appears to express the outcome of a condition or a possible event:

Si haces tablas,   se reparten los puntos.

Si + *present tense*...   *present tense*

You will probably want to add this to your notes on conditional sentences in your *Diario*.

2 Complete the rules of the game overleaf by putting the verb in brackets into the correct form, as appropriate. The first has been done for you.

Complete las reglas del juego conjugando el verbo entre paréntesis correctamente:

Cada jugador tiene una ficha de un color. Se sitúan las fichas en la casilla de *Salida*. Cada jugador tira el dado.

Prueba: Si (caer, tú) **caes** en la casilla *Prueba*, el jugador a tu derecha te (hacer, él) •••••• una pregunta en español. Si (tardar, tú) •••••• en contestar más de un minuto, (retroceder, tú) •••••• una casilla.

Canto: Canta tu canción favorita.

Chiste: Aquí tienes que contar un chiste en español. Si el resto de los participantes no (reírse, ellos)••••••, (perder, tú) •••••• tres puntos y (retroceder, tú) •••••• tres casillas.

Tiburón: Mala suerte. Si tu ficha (caer, ella)•••••• en esta casilla, (volver, tú) •••••• a la casilla de *Salida*.

Letras: Tienes que deletrear en español los nombres de todos los jugadores. Si (equivocarte, tú) •••••• , el último jugador (intercambiar, él) •••••• su posición con la tuya.

Historia: Si tu ficha (aterrizar, ella) •••••• en esta casilla, (tener, tú) •••••• que decir una fecha histórica en español. Si los jugadores no (acertar, ellos) •••••• a qué hecho histórico se refiere, (bajar, ellos) •••••• dos casillas.

retroceder
go back

acertar
to get (it) right

¿Origen?: Nombra un objeto, animal o producto típico de cualquier país de habla hispana: por ejemplo, los habanos de Cuba. Si (conseguir, tú) ...... mencionar dos objetos, (subir, tú) ...... tres casillas.

Olé: Te toca bailar salsa, tango, flamenco o la bamba. Si no (saber, tú) ...... o no (querer, tú) ......, todos los jugadores excepto tú (avanzar, ellos) ...... dos casillas.

Actividad 2.8

1 You can now practise reacting to proposals, referring to the future and expressing conditions and outcomes. Go to Extract 14 on the Activities Cassette and complete the dialogue with Armando, following the prompts. Don't worry if you don't get it right first time.

Vaya al Extracto 14 y complete el diálogo con Armando, siguiendo las pistas que se le dan.

2 Now listen to some possible answers on Extract 15 (see also page 23 of the Transcript Booklet).

Escuche el Extracto 15.

Actividad 2.9

In this *actividad* you will find out about the great variety of bars and restaurants that Madrid has to offer, both for locals and tourists.

1 Imagine you are in Madrid. You are planning to go out with a couple of friends, but you are not sure where to go. Read the comments of some *madrileños* below:

¿Qué sitio elegiría? Lea los comentarios de los madrileños citados a continuación:

Madrid de noche es un regalo para los turistas. Existen tantos y tan variados establecimientos que, antes de salir, es recomendable tener decidido cómo se quiere pasar la noche: a lo flamenco, a lo clásico, de tapeo, de *pop suave* o a lo caribeño. Éstos son los locales favoritos de cinco madrileños entrevistados:

'Carlos, 30 años'

Pop, suave, suave

'Pues, a mí me gusta ir al Honky Tonk. Es un bar restaurante pensado para los amantes de la *nouvelle cuisine* y para los que saben apreciar la buena música en directo. Pero no me gusta ir allí sólo por la comida. También voy allí por su ambiente afrancesado.'

'Yolanda, 23 años'

Flamenco a la madrileña

'A mí me apasiona el flamenco. Quizás mi local favorito sea el Café de Chinitas por las tapas, el ambiente y la calidad de los bailaores y cantaores que actúan allí.'

'Los Fernández, 48 y 51 años'

'Luis, 62 años'

Del Caribe soy, del Caribe vengo

'Desde que hemos descubierto la cocina caribeña, cuando podemos, cenamos en un restaurante caribeño. El más conocido es Galetos por su especialidad en churrasquería. Y bueno, para rebajar esta sabrosa comida siempre nos apetece un buen baile en La Habana a ritmo de salsa, son y guaguancó.'

Tranquilamente clásica

'Los miércoles, yo suelo tomarme un café y un brandy en La Fídula por lo tranquilo que se está allí. Aquí puedo disfrutar del simple placer de escuchar música clásica y poder conversar con los amigos sin tener que gritar. La verdad es que vengo a relajarme.'

2 Read the comments again: what are the specialities or appeal of each place? Complete the table:

Vuelva a leer el texto: ¿cuáles son las especialidades o atractivos de cada lugar? Escríbalos en la tabla:

Local	Especialidad
Honky Tonk	*Nouvelle cuisine*, música en directo
Café de Chinitas	
Galetos	
La Fídula	

3 You may remember that in *Actividad 1.7*, we practised *por* to mean 'going through' or 'via', e.g. *El camino más largo y difícil es por los Picos de Trévere.* In the comments above, what does the preposition *por* mean?

En los comentarios anteriores, ¿qué significa 'por'?

Atando cabos

'Por' to express reason

Por can express the reason why something is done:

Quizás mi local favorito sea el Café de Chinitas **por** las tapas...

El más conocido es Galetos **por** su especialidad en churrasquería.

... suelo tomarme un café y un brandy en La Fídula **por** lo tranquilo que se está allí.

4 What is your favourite local pub or restaurant? Write 30–35 words about where you like going for a drink or a meal. Try to use the preposition *por* with this new meaning.

¿Cuál es su pub o restaurante preferido? Escriba dos o tres líneas describiendo dónde suele ir a tomar algo. Trate de utilizar la preposición 'por'.

5 In the following sentences, the situations and their causes are scrambled. Unscramble them so that the sentences make sense.

En las siguientes frases las situaciones y sus causas están mezcladas. Escriba frases lógicas.

(a) La corrida de toros se ha aplazado por su trabajo.

(b) Consuelo dice que no trabaja por los atascos de tráfico.

(c) La gente ahora va menos al centro a comprar por la lluvia.

(d) Jerez es famoso por las facilidades que hay hoy día.

(e) En general la gente ahora viaja mucho más por los vinos que se hacen allí.

(f) Juan va a España pocas veces por amor al dinero.

Ejemplo

(a) La corrida de toros se ha aplazado por la lluvia.

6 The following are very common expressions with *por*. Can you understand their meaning? If you can't, look them up in your dictionary.

¿Sabe el significado de las siguientes expresiones con 'por'? Busque las que no conozca en su diccionario.

por ahora

por si acaso

por si las moscas

por suerte

¡Por fin!

You may find it useful to write additional notes about *por* in your *Diario*.

7 Listen to Extract 16, which is taken from *Crepúsculo*, a poem by José Asunción Silva, a Colombian poet. What is it about? If you want, listen to it a second time while following it on page 23 of the Transcript Booklet. You don't need to understand every word.

Escuche el fragmento de 'Crepúsculo', un poema de José Asunción Silva, un poeta colombiano.

el duende
goblin, sprite

la sombra
shadow

tenebroso
dark, sinister

ignoto
unknown

165

8 In your Transcript Booklet, underline the expressions with *por* in the poem. Which meanings of *por* do they illustrate? Is *por* always used in the same sense?

Subraye las expresiones con 'por'.

Pronunciación

Do the exercises in *Práctica 7* of the Pronunciation Practice Cassette and Booklet, which concentrate on the sound 'ge', 'gi' and 'j' in words like *gente* and *jamón*.

Del dicho al hecho

After working on the second episode of the Audio Drama, *¡Y un jamón!,* you could now choose a character and listen and read the part aloud, trying to imitate the intonation, stress and pauses. Then play the whole episode again, either reading or speaking the lines from memory.

Alternatively, listen to the poem again and shadow read it.

Sesión 3   Deportes

In this session, which is devoted to sport, you will revise ways of talking about future events and related expressions.

Actividad 2.10

1 Read these headlines from the sports sections of some Spanish newspapers and say which sports they refer to:

Lea estos titulares de las secciones de deportes de periódicos en español y diga a qué deportes se refieren:

Helissio intentará triunfar en el histórico hipódromo de Ascot

Tenis

Fútbol

Golf

Ciclismo

Natación

Carreras de caballos

TRES RECORDS NACIONALES

Los nadadores españoles baten tres récords nacionales: 100 metros libre, 200 metros mariposa, 500 metros espalda

Sánchez Vicario vence con un contundente 6-1 6-1 a la estadounidense Amy Frazier.

Tour de Francia etapa 19: juego sucio

En el sprint final Voskamp y Heppner fueron desclasificados

Ronaldo marcó el gol de la victoria en el último minuto

LA RYDER CUP SE QUEDA EN EUROPA

Rocca a tres golpes de Woods

2 Before you listen to an extract about the most popular sport in the Hispanic world, imagine that, just before an important sporting event, a famous sports person has offered to answer any questions put by fans via the Internet. What questions would you ask? Write them in Spanish.

Si pudiera, ¿qué preguntas le haría a una estrella deportiva? Escríbalas.

Ejemplo

¿Cómo cree que se desarrollará el encuentro / partido / carrera?

3 Listen to Extract 17 and check whether any of your questions or similar ones were asked in the interview.

Escuche el Extracto 17 y compruebe qué preguntas se hicieron en la entrevista.

4 Read the following sentences and make sure that you understand the vocabulary. Listen to the audio extract again and complete the sentences with the appropiate option.

Lea el siguiente ejercicio de selección múltiple y asegúrese de que entiende el vocabulario. Vuelva a escuchar el extracto de audio y complete las frases con la alternativa adecuada.

(a) La persona entrevistada es un

jugador de fútbol. ❏

entrenador. ❏

aficionado. ❏

(b) El sábado que viene

será el próximo partido contra el Juventus. ❏

no habrá partido si llueve. ❏

será el próximo partido contra el Cristal. ❏

(c) Cuando se retire del fútbol, la persona entrevistada piensa

entrenar al Cristal. ❏

dedicarse exclusivamente a entrenar a chicos jóvenes. ❏

jugar como aficionado y entrenar a chicos jóvenes. ❏

(d) La temporada de fútbol empieza

en Semana Santa. ❏

en verano. ❏

después de Semana Santa. ❏

5 Read Extract 17 on page 24 of the Transcript Booklet and underline all words related to football and sports in general. If you think they are useful you may want to note them in your *Diario*.

Vuelva al Cuadernillo de transcripciones y subraye las palabras relacionadas con el fútbol y los deportes en general. Si cree que le son útiles, anótelas en su Diario.

Atando cabos

Time expressions related to future events

When we talk of plans or predictions for the future, we often want to specify a point in time or a period in which the events will take place. Notice how future time is alluded to in the interview you have just listened to:

> ¿Cuándo será el **próximo** partido?
> When will the next match be?

> El próximo partido será **el sábado que viene.**
> The next match will be next Saturday.

> O sea que **de aquí a entonces** tienen que entrenar.
> So from now until then you will have to train.

> La próxima empieza **después de Semana Santa.**
> The next one starts after Easter.

You may also come across phrases such as these:

> **Este verano** iré a Sierra Nevada.
> This summer I will go to Sierra Nevada.

> Tengo que irme **dentro de media hora.**
> I will have to go in half an hour.

Here is a more complete table of time phrases used to express future time, which can be placed at the beginning or end of a sentence:

Hoy		La semana	que viene
Mañana		El mes	que viene
Esta	noche	Dentro de	unos minutos
Este	verano		dos días
Estos	días		cinco años
Estas	noches	Antes de	Semana Santa
La próxima	semana	Después de	Navidades
El próximo	mes		las vacaciones
	año		

6 It is your turn to be interviewed about your plans. Read the questions below. Prepare your answers, then listen to Extract 18 and answer the questions. Try not to read the answers.

Prepare unas posibles respuestas para las siguientes preguntas:

(a) ¿Qué va a hacer después de terminar esta sesión?

(b) ¿Qué piensa hacer este fin de semana?

(c) ¿Dónde va a cenar esta noche?

(d) ¿Qué día piensa salir de compras la semana que viene?

(e) ¿Qué quiere hacer las próximas Navidades?

(f) ¿Qué planes tiene para este verano?

(g) ¿Dentro de cuánto tiempo son sus vacaciones?

7 You can hear some model answers on Extract 19.

Escuche el Extracto 19.

Actividad 2.11

But it is not all football. You will now hear about an increasingly popular sport in Spain.

1 Listen to Extract 20 and answer the following questions in Spanish. You may need to listen to it more than once. Do not refer to the transcript.

Escuche el Extracto 20 y conteste las siguientes preguntas. No mire la transcripción.

(a) ¿Qué deportes se mencionan en el extracto?

(b) ¿Por qué hace la gente más deporte ahora?

(c) ¿Qué diferencia hay entre el balonmano y el fútbol?

(d) ¿En qué se parece el balonmano al baloncesto y al fútbol?

2 When talking about the sports people play nowadays and how they are played, the speaker uses sentences with *se:*

… **se juega** bastante al baloncesto.

… **se juega** en una pista como la del baloncesto.

… **se juega** con las manos.

This type of sentence is called 'impersonal'. You will practise this structure in more detail later on.

Now write a paragraph of 35–50 words in Spanish describing *balonmano.*

Escriba un párrafo en español describiendo cómo se juega al balonmano.

3 Read the following information and complete the table below:

Lea la siguiente información y complete la tabla:

Deportes para todo gusto

Los españoles se dedican al deporte simplemente para relajarse o para competir seriamente en torneos nacionales e internacionales.

el bando enemigo
the opponents
la muñeca
wrist
el muro
wall

VOLEY PLAYA

Es el boom del verano. Se practica en las playas y piscinas con pista de arena. El equipo: bañador, red, pelota de voley y ganas de saltar para pasar la pelota al terreno del bando enemigo. El mismo jugador no puede tocar la pelota dos veces seguidas.

FRISBEE

Se practica entre dos o tres, o los que quieras. Consiste en lanzar el disco y recibirlo sin dejarlo caer. Parece fácil, pero el truco está en lanzarlo con un golpe seco de muñeca.

GIMNASIA RÍTMICA

Los que la practican deben usar cuatro de estos cinco elementos para hacer sus piruetas: cuerda, aro, pelota, mazas y lazo. Para tener éxito en una competencia los movimientos deben ser elegantes y naturales, en armonía con los aparatos que manejan, sin dejarlos caer.

PELOTA VASCA

Se juega individualmente y por equipos. Hay varias modalidades y se juegan con una pelota, cestas y palas de diferentes formas y tamaños. Los jugadores lanzan la pelota contra un muro frontal y el oponente tiene que capturarla con la cesta o la pala y lanzarla de nuevo contra el muro. La pelota no puede rebotar más de dos veces.

Deporte	¿Con qué se juega?	¿Cúal es el objetivo del juego?
El voley playa	*pelota y red*	*pasar la pelota sobre la red al terreno del otro bando*
El frisbee		
La gimnasia rítmica		
La pelota vasca		

4   Here are some sports / games that you may be familiar with. Make some notes about what equipment is needed for one of them and how it is played and then write a paragraph of 50–80 words, as in the example:

Escoja uno de los siguientes deportes / juegos y escriba un corto párrafo como en el ejemplo:

> Bádminton, críquet, béisbol, dardos, rugby, billar, baloncesto

Ejemplo

A mí me encanta ver jugar al voley playa en verano. Se juega en equipos de dos jugadores, en un campo rectangular de unos 18 metros de largo y 9 de ancho. El campo está dividido por una red como la del tenis pero más alta. El objetivo del juego es lanzar la pelota, con las manos, al campo contrario. El juego tiene muchas reglas, una de ellas es que el mismo jugador no puede tocar el balón dos veces seguidas.

Actividad 2.12   Una pruebita deportiva

Here is a sports quiz for you. When you complete it, check your scores. You could win a gold, silver or bronze medal!

¿Está usted al día en cuestión de deportes? Conteste las siguientes preguntas y luego compruebe cuántos puntos ha sacado. Puede ganar una medalla de oro, de plata o de bronce. ¡Preparado, listo… ya!

1   ¿Conoce estos nombres de deportistas famosos? Escriba al lado de cada nombre famoso el deporte que practica:

> golf, atletismo, fútbol, tenis, ciclismo

Nombre	Deporte
Miguel Induráin	
Conchita Martínez	
Severiano Ballesteros	
Linford Christie	
Pelé	

2 ¿Cuántos jugadores componen los equipos de los siguientes deportes?

Deporte	No. de jugadores en cada equipo
Críquet	
Fútbol	
Rugby	
Baloncesto	

3 ¿Cuál es el país de procedencia de los siguientes deportes?

Deporte	País de procedencia
Críquet	
Béisbol	
Golf	
Boxeo	

4 Escriba el nombre de dos deportes que no se juegan con una pelota.

Evaluación

Por cada respuesta correcta recibe un punto. Por ejemplo, si acierta las profesiones de los cinco deportistas, conseguirá cinco puntos. Si acierta sólo cuatro, se llevará cuatro puntos, etc.

Medallas

Medalla de oro: 14–15 puntos

Medalla de plata: 11–13 puntos

Medalla de bronce: 8–10 puntos

Actividad 2.13

You will now practise what you have learned in the past two *unidades*.

1 Imagine that you are interested in the activities organized by *Haciendo Huella*, and that your New Year's resolution is to do more exercise. Look at the information in the brochure:

Familiarícese con la información del folleto:

EJERCICIO EN PLENA NATURALEZA

Caminatas organizadas – una opción muy saludable

Salidas los fines de semana cada dos semanas.

Rutas varias a todo nivel:

Paseo suave: de Risaralda a Rovira por Quebrada Blanca.

Paseo aficionado: de San Miguel a La Rosa subiendo por Peñas Negras.

Paseo profesional: de Neiva a Loma Alta cruzando Puente Viejo, subiendo por Los Olivos y bajando a Valle Hermoso.

En caso de mal tiempo las rutas se adaptan al gusto de los caminantes y se reducen si se desea.

Equipo: un buen par de zapatos, chubasquero, agua para beber, ánimo y buen humor.

2 Go to Extract 21 of the Activities Cassette and talk to Ernesto about your New Year's resolution. Use the information above to answer his questions. You also have to use your initiative to complete the answers. You may just want to listen to the Cassette first so that you are familiar with what Ernesto asks you. Take your time preparing your answers, and only play your role when you are ready.

Vaya al Extracto 21 y conteste las preguntas que le hace Ernesto. Si quiere, prepare primero sus respuestas.

3 Listen to Extract 22 for possible model answers.

Si quiere oír un modelo de esta conversación, escuche el Extracto 22.

Pronunciación

Do the exercises in *Práctica 8* of the Pronunciation Practice Cassette and Booklet, which concentrate on the sound 'g' in words like *Galicia* and *Guillermo*.

Unidad 3 *Fiestas y costumbres*

In this *unidad* you will practise describing objects, processes and sequences of events. You will also find out about various Hispanic festivities and traditions.

Learning Objectives

By the end of this *unidad* you should be able to:

- Describe objects and general processes;
- Talk about the different stages of an event;
- Construct impersonal sentences.

Key Learning Points

Sesión 1

- Revising structures for describing objects.
- Using *se* + verb in impersonal sentences.
- Revising and expanding the use of direct object pronouns.
- Pronunciation: word stress.

Sesión 2

- Using verbs to denote sequence.
- Using sequencing markers.
- Word derivation.
- Using the second person singular in impersonal sentences.

Sesión 3

- Revising sequencing events.
- Extending vocabulary related to festivities.
- Pronouncing 'll' and 'y'.

Study chart

Activity	Timing (minutes)	Learning point	Materials
		Sesión 1 *Así se hace*	
3.1	60	Describing objects	Video
3.2	35	Describing processes	
3.3	35	Using direct object pronouns	Activities Cassette, Study Guide
	10	**Pronunciación**: word stress in words like *piñata* and *bañador*	Pronunciation Practice Cassette and Booklet
		Sesión 2 *¡Llegó el carnaval!*	
3.4	10	Warming up to carnival time	
3.5	45	Verbs of sequence	Spanish Grammar, Video
3.6	25	Vocabulary: using endings to learn new words	
3.7	30	Expressions that mark steps in a sequence	
3.8	15	Practising describing processes	Activities Cassette, Transcript Booklet, Video
		Sesión 3 *Más tradiciones hispánicas*	
3.9	50	Practising describing sequences of events	Activities Cassette
3.10	40	Listening for specific information	Activities Cassette, Transcript Booklet
3.11	25	Describing celebrations	
	10	**Pronunciación**: the 'll' and 'y' sounds	Pronunciation Practice Cassette and Booklet

Sesión 1   Así se hace

In this session you will revise how to describe objects and learn how to describe processes in general.

Actividad 3.1

You are going to watch a video sequence in which Luz talks about the Mexican *piñatas*.

1   Watch the video from 21:06 to 22:20. Complete the description of the objects you see hanging in the shop by ticking the correct words. You may want to freeze the image. Use the dictionary to check any words you do not know from the list below.

Vea la secuencia de vídeo de 21:06 a 22:20. Escoja la palabra que complete la descripción de los objetos que ve colgados en la tienda. Busque en el diccionario las palabras que no conoce.

(a) Tienen forma

cuadrada	❏
redonda	❏
rectangular	❏
de estrella	❏

(b) Son de color

rojo	❏
amarillo	☑
azul	❏
verde	❏
negro	❏
blanco	❏
rosa	☑
marrón	❏

(c) Están decorados con

papel	❏
plástico	❏
cristal	❏
madera	❏
metal	❏

2   Watch the video sequence again and answer the following questions:

Vea la secuencia de vídeo completa y conteste las siguientes preguntas:

(a) ¿A quiénes les encanta la piñata?

(b) ¿Qué hay dentro de la piñata?

(c) ¿Cuál es el objetivo del juego?

3 Watch the video a third time and complete a more detailed description of the *piñata* by writing the correct words:

Vuelva a ver la secuencia de vídeo y complete una descripción más detallada de la piñata escribiendo la palabra adecuada:

(a) La piñata tiene forma de .... Sobre un ...... sacan unos ......

(b) Está hecha de ...... y adornada con papel de china.

(c) Es de colores ...... como el rosa, amarillo y verde chillón.

4 What do they do with the *piñata?* Read the list of actions below and try to remember the order in which they are mentioned in the video. Then watch the sequence again and number the actions in the correct order.

Enumere la siguiente lista de acciones en el orden en el que aparecen en el vídeo:

(a) Uno intenta romper la piñata. ❑

(b) Cantan la canción. ❑

(c) Se pone la fruta dentro de la piñata. ❑

(d) Te dan tres vueltas. ❑

(e) Se cuelga la piñata. ❑

(f) Te vendan los ojos. ❑

Atando cabos

Describing objects

Luz described the *piñata* by giving details about its shape, colour and what it was made from. These are very common structures used to describe objects:

	Structures	Examples
Forma	Tiene forma de + *noun* Es + *adjective*	Tiene forma de estrella. Es redondo.
Color	Es (de color) + *adjective*	Es (de color) rojo.
Material	Está hecho de + *noun* Es de + *noun*	Está hecho de barro. Es de barro.

5 Describe the objects below, referring to their shape and colour, and say what they are typically made from. In some cases you may only be able to give two items of information. Try to introduce some variety in your descriptions by using different structures.

Describa la forma, el color y/o el material que generalmente tienen los objetos dibujados:

Ejemplo

Es redondo.
Está hecho de cuero.
Es blanco.

la estampilla (Col)
el sello (Sp)

(a)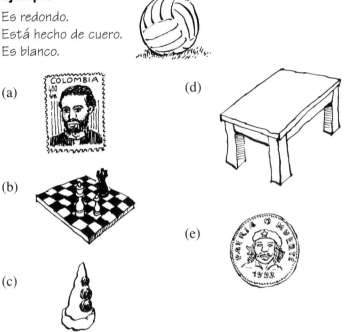

(b)

(c)

(d)

(e)

6 Make a note in your *Diario* of any new vocabulary or structures that you found useful to describe objects. Write some sentences to illustrate them.

Apunte en su Diario el vocabulario que haya encontrado útil en sus descripciones y escriba frases ilustrándolo.

Atando cabos

Impersonal structures

Luz also tells us how the game is played. She describes a sequence of actions: the *piñata* is hung, someone is blindfolded, they turn you round three times, and so on. Notice that she describes the process without drawing attention to any particular person or people:

... la **hacen** de barro.

... **sacan** unos conos que **van** haciendo...

... adentro **se pone** la fruta...

... **se cuelga**...

... te **vendan** los ojos...

To avoid referring to an explicit subject, she uses two devices: the verb in the third person plural and *se* + the verb in the third person.

Verbs in the third person plural are used when we want the identity of the subject to remain vague or general.

Se + verb in the third person is used in similar contexts, especially when the emphasis is on the action or situation, and it is the preferred structure in sets of instructions or rules:

En caso de incendio, no **se debe** utilizar este ascensor.

The verb may be singular or plural. Look at the examples below and try to decide what determines whether the verb is singular or plural:

Se cuelga la piñata.

Se cuelgan las piñatas.

Se decora la habitación.

Se decoran las habitaciones.

The noun determines whether the verb is singular or plural: if the noun is singular (*piñata, habitación*), so is the verb (*cuelga, decora*); and if the noun is plural (*piñatas, habitaciones*), so is the verb (*cuelgan, decoran*). You may wish to note this in your *Diario*.

7 In your own words, try to describe what a *piñata* is like and what is done with it. Write about 50–60 words.

Describa en sus propias palabras cómo es una piñata y qué se hace con ella.

Actividad 3.2

Describing how to cook following a recipe requires the same type of impersonal structures.

1 Complete the statements below with the correct options:

Complete las siguientes afirmaciones con las alternativas que le correspondan:

(a) El tomate, pepino y pimiento son tipos de ......

verdura   fruta   carne   pescado

(b) Generalmente, las recetas se utilizan para cocinar ......

platos de todos los días

platos nuevos

platos precocinados

(c) Una ensalada típica se aliña con ......

aceite, vinagre y azúcar

zumo, vinagre y azúcar

aceite, vinagre y sal

(d) Los ingredientes básicos de la comida española son ....

cebolla, ajo y aceite de oliva

curry y limón

soja y arroz

(e) Para hacer huevos duros hay que ......los huevos.

freír

poner al horno

cocer

calentar

2 Have you ever tried *gazpacho*? Read the following passage. What do you think the title means?

Lea el siguiente texto sobre el gazpacho. ¿Qué significa '¡Menudo tomate!'?

GAZPACHOS
¡MENUDO TOMATE!

Los ingredientes que componen su receta varían en cada región. Pero sin lugar a dudas, el gazpacho es el plato nacional para las comidas del verano.

Hay tantas clases de gazpachos, que se podría tomar uno cada noche de verano, sin repetir. Su base es muy sencilla: pan y ajo machacados con aceite, sal y vinagre. La forma de prepararlo es tan variada como pueblos hay en Andalucía y Extremadura. Aunque el gazpacho se creó en el sur, hoy en día se ha puesto de moda en el mundo entero y se pueden encontrar recetas divertidísimas en recetarios ingleses.

Su origen fue el almuerzo de las gentes del campo que tenían que preparar la comida con los ingredientes que tenían más accesibles. Según don Gregorio Marañón en su libro *El alma de España,* el gazpacho antes se consideraba como un refresco para pobres. Hoy día se aprecia por sus propiedades nutritivas, pero en opinión del autor, '... con un buen trozo de carne podría considerarse el gazpacho como un alimento muy próximo a la perfección.'

Hay tres clases básicas de gazpacho: el andaluz, el extremeño y los gazpachos blancos. El más conocido, el andaluz, lleva tomates rojos, pimiento, ajo, aceite, vinagre y pan machacado o pasado por la licuadora. Se aclara con agua y luego se pone en la nevera para que se enfríe hasta la hora de comer.

(Basado en un artículo de Mª. Jesús Gil de Antuñano aparecido en *Micasa*, no. 9, julio 1995, p. 141–142.)

3 Complete the following statements about *gazpacho* using information from the passage:

Complete las siguientes afirmaciones sobre el gazpacho según el texto:

Su origen es:

Tiene los siguientes ingredientes:

Hay varios tipos de gazpacho:

Atando cabos

Pronominal verbs in impersonal sentences

To make a pronominal verb impersonal, a subject such as *uno/una* (or an expression like *todo el mundo* or *la gente*) is used instead of repeating *se*:

Uno se levanta temprano.

Uno se acuesta tarde.

Todo el mundo se echa una siesta.

La gente se viste y **se arregla** con cuidado.

4 Using this *gazpacho* recipe as a model, write the ingredients and steps to cook your own favourite recipe:

Siguiendo la siguiente receta del gazpacho, escriba los ingredientes y los pasos de preparación de su receta preferida:

Ingredientes

1 kg de tomates rojos
1 pimiento (de freír)
Medio pepino
1 diente de ajo
Media cebolla
Sal, aceite y vinagre al gusto

Preparación

• Se lavan los tomates, pimiento y pepino
• Se cortan los tomates, pimiento, pepino y cebolla pelada
• Se añade el ajo y se aliña todo con aceite, vinagre y sal
• Se pasa todo por la batidora
• Se pone el gazpacho en la nevera y se sirve frío.

¿Sabía Ud. que...?

Productos hoy básicos en la cocina española como los tomates,
los pimientos y las patatas, lo mismo que el maíz, el cacao, el aguacate,
proceden del continente americano y llegaron a Europa en el siglo XVI.

Actividad 3.3

1 In the video sequence you watched at the beginning of the session, you
came across the following sentences:

La piñata está hecha de barro… **la** hacen de barro…

… y esos conos **los** adornan con papel de china…

What objects do *la* and *los* refer to?

¿A qué objetos se refieren 'la' y 'los'?

Atando cabos

Direct object pronouns

Words like *la* and *los* in the examples above are called direct object pronouns
(see the Study Guide, page 46). They replace the nouns *piñata* and *conos*
respectively. This is a good opportunity to revise them:

Voy a comprar un libro. **Lo** voy a…

Quiero una calabaza. **La** quiero…

Compré unos pimientos. **Los** compré…

Quiero unas zapatillas. **Las** quiero…

2 You are shopping at the market. You are particular about what you buy.
Listen to Extract 23 and answer questions on how you want your fruit or
vegetables, following the prompts.

Por cada fruta o verdura conteste cómo las quiere.

Atando cabos

Direct object pronouns with infinitives

Notice what happens when we use an object pronoun with constructions
like *ir a* + infinitive, *soler / acostumbrar (a) / querer* + infinitive, etc. There are
two options for placing the pronoun:

Lo voy a comprar…   Voy a comprar**lo**…

La suelo ver…   Suelo ver**la**…

Los acostumbro a llamar…   Acostumbro a llamar**los**…

Las quiero visitar…   Quiero visitar**las…**

It does not make any difference whether you place the pronoun at the beginning or at the end.

3 The bedsit you normally let has been vacated in a hurry and it is a little untidy. You are going to tidy it up. Listen to Extract 24 and say what you are going to do with each object. Use *ir a* + infinitive.

Conteste qué va a hacer con cada objeto usando la estructura 'ir a' + infinitivo.

Pronunciación

Do the exercises in *Práctica 9* of the Pronunciation Practice Cassette and Booklet, which concentrate on stress in words like *piñata* and *bañador*.

> **Del dicho al hecho**
>
> If you are interested in cooking, you might like to build up a folder of Hispanic recipes. You could call it *Recetario hispánico*, and start by gathering recipes from Spanish-speaking friends and Hispanic magazines or newspapers. If you prefer eating to cooking, why not try to collect Hispanic menus and learn the names of dishes you might want to order.

Sesión 2   ¡Llegó el carnaval!

In this session you will learn to talk about events at their different stages.

Actividad 3.4

1 The Spanish calendar is full of *fiestas*. In Spain and in Spanish America, every region has its own. Look at the following pictures and write one or two sentences saying what you think happens at each of the festivals depicted, using the verbs given.

Mire las siguientes fotografías y escriba una o dos frases describiendo qué se hace en cada fiesta. Utilice los verbos dados.

Ejemplo

En las Fallas de Valencia / quemar muñecos o ninots

En las Fallas de Valencia se queman muñecos o ninots.

(a)

En la Feria de Sevilla / bailar sevillanas y beber fino

(b)

En los Sanfermines de Pamplona /
correr delante de los toros

(c)

En los carnavales de
toda España / pintarse la
cara y disfrazarse

(d)

En el día de San Jordi
en Cataluña / regalar un
libro y una flor

Actividad 3.5

In this *actividad* you will watch a video sequence in which Esther describes the carnival in Sitges, near Barcelona.

1   Underline the odd word out in the following lists. Look up any new words and note them in your *Diario* if you think they will come in useful.

Subraye la palabra que sobra en la serie. Busque las palabras que no conozca.

Ejemplo

taparse   disfrazarse   <u>bañarse</u>   cubrirse

(a) caras pintadas   gente bailando   niños disfrazados   toros

(b) disfrutar   pasárselo bien   llorar   divertirse

(c) disfraz   máscara   lazo   velo

2   Read the sentences below and make sure you understand them. Then watch the video from 22:20 to 26:07 and choose the most accurate option to complete each sentence.

Primero lea las siguientes frases y asegúrese de que las entiende. Luego vea la secuencia de vídeo de 22:20 a 26:07 y marque la opción más adecuada para completar cada frase.

(a) En carnaval la gente se disfraza

porque es febrero y tiene frío.   ❑

porque los demás se disfrazan también.   ❑

para poder hacer lo que el resto del año no hace.   ❑

(b) El carnaval se celebra

en Navidad.   ❑

en Semana Santa.   ❑

en febrero o marzo, depende.   ☑

(c) En carnaval la gente se reúne y se dirige

hacia el centro del pueblo donde está el rey del carnaval.   ☑

bailando hacia el final del pueblo.   ❑

hacia el centro del pueblo donde el cura les da la bienvenida.   ❑

(d) La máscara

está hecha de tela.   ❑

está hecha de papel maché.   ☑

está hecha de plástico.   ❑

(e) El disfraz

lo alquilan para el carnaval.   ❑

lo hacen ellos mismos.   ☑

lo compran en los grandes almacenes.   ❑

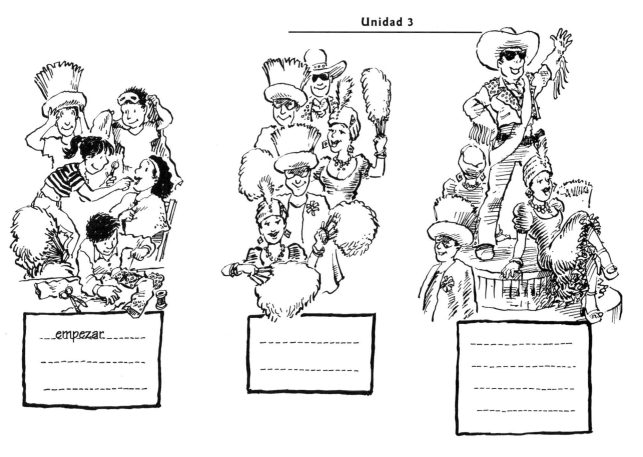

empezar

3 Now watch the video from 23:25 to 23:52. Using the boxes above, classify the following verbs according to the stage of the process they mark. The first has been done for you.

Vea la secuencia de vídeo de 23:25 a 23:52. Clasifique los siguientes verbos según la etapa del proceso que señalen:

> empezar, continuar, culminar, terminar, comenzar, seguir, acabar, finalizar, iniciar

Atando cabos

'Iniciar'

In all the above cases, the verbs are used in sentences where the focus of attention is on the event or process taking place, e.g. _el carnaval, las fiestas, la reunión, los partidos,_ and so on. Note that, when used in this way, _iniciar_ requires _se_:

El carnaval **se** inicia en febrero.

En marzo **se** inician las ferias.

4 Three of the verbs you have just classified – *empezar*, *comenzar* and *seguir* – are radical changing verbs. Revise their conjugation (see pages 293, 305 and 309 of the Spanish Grammar) and write short sentences in your *Diario* using the verb forms you find most difficult to remember.

Repase la conjugación de los verbos 'empezar', 'comenzar' y 'seguir'. Luego escriba frases cortas con las formas de los verbos que más dificultad tenga en recordar.

5 Look at the following fiesta programmes. Describe the different stages of the following events using *empezar*, *comenzar*, *iniciar*, *continuar*, *seguir*, *culminar*, *terminar*, *acabar* or *finalizar*. Write 45–50 words for each event.

Describa las diferentes partes de los siguientes eventos usando los verbos indicados. Escriba 45 a 50 palabras para cada uno.

Ejemplo

> Fiesta de la sardina en el campo de Loja
>
> 12.00: Certamen de pesca deportiva.
>
> 13.00: Almuerzo.
>
> 14.00 – 17.00: Juegos, canciones y bailes.

La fiesta de la sardina en el campo de Loja empieza a las *doce* con el certamen de pesca deportiva. Sigue a la *una* con el almuerzo y culmina a las *cinco* con juegos, canciones y bailes.

> Motril en fiestas
> Sábado 19 abril
>
> 21.00: Procesión de la Santísima Virgen de la Cabeza, patrona de Motril.
>
> 22.00: Caseta Municipal: gran baile con la orquesta del Cabaret Tropicana de Cuba.
>
> 03.30: Gran sardinada.

la caseta
stand / marquee (for music and dancing at a carnival)

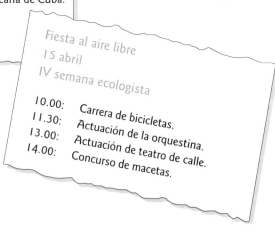

Fiesta al aire libre
15 abril
IV semana ecologista

10.00: Carrera de bicicletas.
11.30: Actuación de la orquestina.
13.00: Actuación de teatro de calle.
14.00: Concurso de macetas.

Actividad 3.6

Atando cabos

Word families

One very productive way of learning new words is by changing the endings to the base word. In the example below the word *final* may be transformed into different words with related meanings:

final   final**izar**   final**ización**   final**ista**   final**mente**

We can guess that *finalizar* is a verb because of its ending *-ar*.

The suffix *-ión* in *finalización* (which is derived from *finalizar* rather than *final*) means that it is an abstract noun like *opción*, *perfección*, *civilización*, and so on.

The suffix *-ista* in *finalista* indicates that this word is a noun related to a profession or to a person who regularly performs a particular task, such as *analista*, *especialista*, *artista*, etc.

In *finalmente*, *-mente* marks the word as an adverb, as it does in *rápidamente*, *tranquilamente* or *increíblemente*.

Find words related to the verbs in the following table by looking them up in the dictionary and finding out how many other words are derived from them. The words will not necessarily appear together in the dictionary so you may need to scan the page to find them. Make a note in your *Diario* of the most useful words, plus any suffixes that can provide a clue about what the words mean and the category they belong to. You may not be able to complete all the boxes.

Busque en el diccionario cada uno de los verbos que siguen a continuación, y llene la tabla con palabras que se relacionen con ellos. Anote en su Diario las palabras más útiles.

Verbs	Nouns	Adjectives	Adverbs
comenzar			
iniciar			
continuar			
terminar			
finalizar	**final / finalista / finalización**	**final**	**finalmente**

Actividad 3.7

From Sitges we now go to Mexico, to the annual pilgrimage to the Basílica de Nuestra Señora de Guadalupe, every 12 December.

1   Note that not only verbs mark the stages of an event. Here are some expressions that tell us when something happened. Do you know which stage in the process they indicate? Classify them in three columns. The first words in each column have been done for you.

¿Sabe qué momento señalan las siguientes expresiones en una secuencia de hechos? Clasifíquelas:

> primero, por último, luego, a continuación, después, para empezar, posteriormente, para terminar, finalmente, para comenzar

primero	luego	por último
• • • • • •	• • • • • •	• • • • • •
• • • • • •	• • • • • •	• • • • • •
• • • • • •	• • • • • •	• • • • • •

2   The following sentences describe what happens during the annual celebration in Mexico. Put them in the order in which you think they take place:

Clasifique las siguientes frases en el orden que considere correcto:

(a) Los peregrinos salen camino a La Basílica de Nuestra Señora de Guadalupe.

(b) Muchos bailan danzas tradicionales hasta que llega el nuevo día.

(c) Poco a poco, frente a la Basílica se reúne una inmensa multitud.

(d) Los peregrinos elevan sus plegarias a la Virgen.

(e) Todos los asistentes se unen para cantarle a Nuestra Señora las tradicionales 'mañanitas'.

3   Now write a paragraph of 70–75 words describing what happens on 12 December in Mexico. Separate the different aspects of the festivity by using some of the verbs or expressions that you have seen above.

Ahora escriba un párrafo describiendo lo que pasa en México cada 12 de diciembre.

Start with something like:

La fiesta de Nuestra Señora de Guadalupe comienza…

Actividad 3.8

1 In *Actividad 3.1* we talked about impersonal sentences like *'Cuelgan la piñata...'* and *'Se pone la fruta...'*. Watch the video sequence again from 24:20 to 25:48 and listen to Esther describing how they make the costumes for the carnival.

Vea de nuevo la secuencia de vídeo y escuche a Esther describir cómo hacen los disfraces.

Atando cabos

Other ways of making impersonal sentences

You can talk impersonally by using the verb in the second person singular. Esther says:

> ... tú **coges** la tela...

> ... **coges** lo que **necesitas**...

> ... tú lo **haces** todo...

The use of the second person singular is quite common in informal impersonal statements. It is also a way of referring to oneself without too much emphasis. It also has the effect of involving the listener more in the conversation.

2 Now it is your turn to describe a process – making good tea, for example. Mark each stage of the process clearly and, since this is an informal explanation, use the verbs in the second person singular (*tú*).

Piense cómo se hace un buen té y describa el proceso. Haga la explicación de una manera informal. Utilice los verbos en la segunda persona del singular (tú).

3 You can hear a possible model by listening to Extract 25 on the Activities Cassette (pages 26–27 of the Transcript Booklet).

Escuche el Extracto 25.

¿Sabía Ud. que...?

Lupita es el nombre femenino más popular de México. Es una abreviación de Guadalupe, en honor a la santa patrona del país. Curiosamente, la palabra Guadalupe significa 'río del lobo': *wuad*, hoy día *guad*, es una raíz árabe que significa 'río' y 'lupe' viene del latín *lupus*, que significa 'lobo'.

Sesión 3   Más tradiciones hispánicas

In this session you will get to know other traditional festivities in the Spanish-speaking world.

Actividad 3.9

You will listen to Extract 26, which is a description of the Veracruz carnival.

1   Before listening to it, what can you remember about the Sitges carnival? See if you can answer the following questions without referring back:

Antes de escuchar el extracto, conteste las siguientes preguntas sobre el carnaval de Sitges:

(a) ¿Cuándo se celebra el carnaval de Sitges?

(b) ¿Qué hace la gente en carnaval?

2   Match the words on the left with the definitions on the right. You will hear them all on the extract. The first has been done for you.

Una las palabras de la izquierda con las definiciones de la derecha:

el chamaco (Mex)
el chico (Sp)

(a) gritar	(i) destruir algo con fuego
(b) el entierro	(ii) la figura que menos te gusta
(c) el mal humor	(iii) el acto que sigue a un funeral
(d) la coronación	(iv) elevar la voz excesivamente
(e) quemar	(v) el acto que convierte en rey o reina a alguien
(f) el personaje más odiado	(vi) un estado de ánimo negativo

HISPANOAMÉRICA

In Spanish America the word *cuadra* in everyday conversation is mostly used to mean a street from corner to corner, as in: *La farmacia está a dos cuadras de aquí.* Four *cuadras* joined at the corners is called a *manzana. Dar la vuelta a la manzana* means to go around the block.

3   Listen to Extract 26 and answer the following questions:

Escuche el Extracto 26 y conteste las siguientes preguntas:

(a) ¿Quiénes participan en el carnaval?

(b) ¿Qué figura imaginaria es la protagonista del carnaval?

4 The different stages of the carnival are clearly marked in the extract. Listen to it again and see if you can identify these stages using the key words below. Don't worry if you have to listen more than once.

Escuche el extracto de nuevo y trate de identificar las diferentes etapas del carnaval con las palabras a continuación.

Ejemplo

Primero:

Entierro del mal humor.

(a) Segundo día:

. . . . . .

(b) Tercer día:

. . . . . .

(c) Cuarto día:

. . . . . .

(d) Finalmente:

. . . . . .

5 Now write your own description of the carnival as if you were narrating what happens, remembering to differentiate each stage clearly. Your description should be more informal than the one you wrote for *Actividad 3.7* about the *fiesta de Nuestra Señora de Guadalupe*. You may need to revise verbs like *empezar, continuar,* etc., and the use of markers like *primero, posteriormente, por último* and so on.

Cuéntele a alguien, con sus propias palabras, cómo es el carnaval de Veracruz.

6 Listen to Extract 27 for a possible answer.

Escuche el Extracto 27.

Actividad 3.10

Here you will hear about a very old and much loved Spanish tradition, *rondar*.

1 *Rondar* is a tradition that has gone on for centuries in university cities in Spain, especially in Santiago de Compostela. What do you think it involves? Look at the words and expressions overleaf. Pick out the verbs and then select the expressions that complement them.

La última vez que te rondé me tiraste una flor.
La próxima vez, ¡sácala de la maceta, por favo

Del grupo de palabras y expresiones a continuación, seleccione los verbos y luego asígneles el complemento que va con cada uno de ellos:

tirar   salir   a una copa y una tapa

al balcón   invitar   música

una flor   tocar

2 Now write the activities above in the order in which you think they take place.

Ahora escriba las actividades en el orden en que usted cree que ocurren.

3 Listen to Extract 28 and check the sequence you wrote above. Which activity is not mentioned by Bernardo?

Escuche el Extracto 28 y compruebe la secuencia que usted escribió. ¿Qué actividad no menciona Bernardo?

4 Listen to the recording again and answer the following questions:

Vuelva a escuchar la grabación y conteste las siguientes preguntas:

(a) ¿Qué es una tuna?

(b) ¿Quiénes la forman?

(c) ¿En qué época tuvo origen la tuna?

(d) ¿En dónde más son populares las tunas?

5 Listen to the song on Extract 29 and enjoy it. Then turn to page 28 of the Transcript Booklet and read the lyrics while you listen a second time. Finally, if you feel brave, play the song a third time and sing along.

Escuche la canción, luego vaya al Cuadernillo de transcripciones y léala mientras escucha. Finalmente, si quiere, trate de cantarla.

Actividad 3.11

Here you will find out about some important days in the Spanish calendar.

1 Read the following passage. You may recognize all or some of the traditions from festivals in your own country.

Lea el siguiente texto. Quizá reconozca algunas costumbres de las que existen en su país.

Días especiales del calendario

(a) El cumpleaños y el día del Santo

En el cumpleaños, cuando se celebra el día en que nació una persona, se apagan las velas de la tarta, se canta el 'cumpleaños feliz' y se dan regalos. En algunas regiones españolas como el norte, el día del Santo es aún más importante. El calendario español dedica cada día del año a un santo o virgen determinados. Por ejemplo, el 15 de agosto es el día de la Asunción de la Virgen, y todas las niñas y mujeres que se llaman Asunción, Begoña, Reyes o Paloma celebran este día de forma especial. El 12 de octubre es el día de las que se llaman Pilar; el 19 de marzo es el día de los Josés; el 24 de junio es el día de los Juanes, etc. En este día se felicita a la persona del santo y se le dan regalos.

(b) La Navidad

Los días especiales de las fiestas navideñas son:

El 22 de diciembre: el día de la lotería de Navidad.

El 24 de diciembre: la Nochebuena. La familia cena reunida y en algunas casas se dan los regalos.

El 25 de diciembre: el día de Navidad. La familia almuerza junta.

El 28 de diciembre: el día de los Santos Inocentes, parecido al día *April Fools' Day*. Se gastan bromas a los amigos y familiares.

El 31 de diciembre: el día de fin de año. Se organizan fiestas hasta el amanecer. Por la mañana se desayuna chocolate con churros.

El 1 de enero: el día de Año Nuevo.

El 6 de enero: Epifanía, o el día de los Reyes Magos, Melchor, Gaspar y Baltasar. El 5 se celebran cabalgatas en todas las ciudades y pueblos de España. El 6 es el día dedicado a los niños, que reciben los regalos la noche del 5 o la mañana del 6.

la cabalgata
parade or procession (on horseback)

(c) El día de la mala suerte

Son los martes 13 de cualquier mes. Se dice: 'En martes 13 ni te cases ni te embarques.'

las hogueras
bonfires

(d) Las hogueras de San Juan

El 24 de junio se encienden las hogueras de San Juan en el Levante español.

2 Using the text below as a model, write a short paragraph explaining how a special day in your country or region is celebrated.

Siguiendo el modelo del siguiente texto, escriba un párrafo corto explicando cómo se celebra un día especial en su país o región.

El día de las brujas

El 31 de octubre se celebra el 'día de las brujas'. Es una fiesta que se popularizó en los Estados Unidos. En realidad es una celebración para los niños. Muchos niños se disfrazan y salen por la noche a pedir caramelos o dinero a los vecinos. Los jóvenes también aprovechan la oportunidad para disfrazarse, reunirse con sus amigos y divertirse.

HISPANOAMÉRICA

People in Latin America find it a bit offensive that the United States is referred to as 'America' and its inhabitants 'Americans', as they themselves are also inhabitants of the American continent. Latin Americans refer to the US as *los Estados Unidos* and to its inhabitants as *estadounidenses*, *norteamericanos* or *de (los) Estados Unidos*. More colloquially they are called *gringos*, but this term can be pejorative in certain contexts.

Pronunciación

Do the exercises in *Práctica 10* of the Pronunciation Practice Cassette and Booklet, which concentrate on the sounds 'll' and 'y' as in *llamarse* and *reyes*.

Unidad 4 *Repaso*

In this *unidad* you will consolidate the key learning points from the second part of this book – in particular, planning and talking about future events, and describing processes and sequences.

Revision Objectives

By the end of this *unidad* you will have revised how to:

- Make suggestions and respond to them;
- Talk about likes and interests;
- Talk about plans for the future;
- Express conditions and outcomes;
- Describe objects and processes;
- Describe the different stages of an event.

Key Revision Points

Sesión 1

- Making suggestions and replying to proposals.
- Practising vocabulary relating to sports.
- Talking about likes and interests.
- Talking about future events using common verbal constructions.
- Using *desde, hasta* and *por*.
- Generating conditional sentences with *si* + present tense.

Sesión 2

- Describing objects: structures and vocabulary.
- Explaining how something is done using impersonal sentences.
- Describing processes informally using the verb in the second personal singular.
- Using object pronouns.
- Sequencing markers and verbs.

Study chart

Activity	Timing (minutes)	Learning point	Materials
		Sesión I *En gustos no hay disgustos*	
4.1	25	Making suggestions	Activities Cassette
4.2	20	Talking about likes and interests	
4.3	25	Preparing for an event	Activities Cassette
4.4	25	Talking about the future	Activities Cassette
4.5	15	Expressing conditions and outcomes	
4.6	20	*Gramatikón*: the future tense	
		Sesión 2 *¿Qué pasa y cómo se hace?*	
4.7	15	Describing objects	Activities Cassette
4.8	20	Describing processes	
4.9	30	Describing processes more informally	Activities Cassette
4.10	15	Using direct object pronouns	Activities Cassette
4.11	35	Extracting specific information from a text	
4.12	10	A crossword puzzle	

Sesión I En gustos no hay disgustos

This session will help you revise how to make suggestions and respond to them, how to express likes and dislikes, and how to talk about plans for the future.

Actividad 4.1

Imagine that you and a friend are thinking of going to a sports centre and are deciding what to do. Before doing so, you may find it useful to revise the most common ways of suggesting ideas and either accepting them or raising objections. Either look at the Grammar Summary *(Resumen gramatical)* at the end of this *unidad*, check the notes you made in your *Diario* or go back to *Actividades 1.1, 1.2* and *1.3*.

1 Here is the guide to summer sporting activities at your leisure centre. Read the information so you are familiar with it.

Aquí tiene una guía de actividades veraniegas en su centro deportivo. Familiarícese con la información.

OCIO Y TIEMPO LIBRE EN VILLANUEVA

ACTIVIDADES DEPORTIVAS

GOLF
En Vistahermosa 9 hoyos dobles
Par 72
Precio por día: 10.000 ptas
Adultos solamente

PASEO A CABALLO
Alquileres y clases de equitación
Club Herradura
Precio: 1.000 ptas/hora

NATACIÓN
Piscina pública al aire libre
Entrada: 700 ptas (niños 400 ptas)
Billete para grupos (dos adultos y hasta dos niños): 1.600 ptas

TENIS
5 pistas rápidas
Vistahermosa
Alquiler de pista: 1.000 ptas/hora
Precio especial por semana (6 horas): 4.500 ptas

AEROBICS
Salón El Andino
Clases con instructores calificados
Abono mensual (2 horas por semana durante 4 semanas): 5.000 ptas
Precio por sesión (2 horas solamente): 1.500 ptas

2 Go to Extract 30 and take part in the dialogue, following the prompts.

Vaya al Extracto 30 y participe en el diálogo siguiendo el ejemplo.

3 Listen to Extract 31 for a possible model for this dialogue.

Escuche el Extracto 31.

Actividad 4.2

You may wish to go to *Actividad 1.10* to revise how to talk about likes and interests.

1 Read the following sentences and try to guess who this might be. Then complete the personal details card.

Lea el texto y trate de adivinar quién es este personaje:

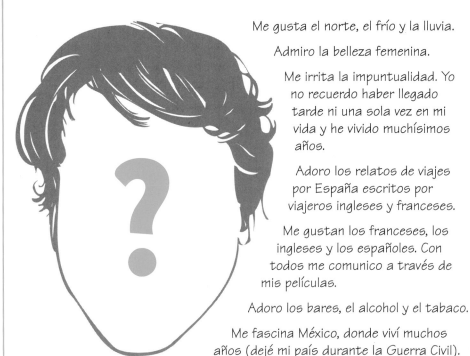

Me gusta el norte, el frío y la lluvia.

Admiro la belleza femenina.

Me irrita la impuntualidad. Yo no recuerdo haber llegado tarde ni una sola vez en mi vida y he vivido muchísimos años.

Adoro los relatos de viajes por España escritos por viajeros ingleses y franceses.

Me gustan los franceses, los ingleses y los españoles. Con todos me comunico a través de mis películas.

Adoro los bares, el alcohol y el tabaco.

Me fascina México, donde viví muchos años (dejé mi país durante la Guerra Civil).

¿Nacionalidad? . . . . . .

¿Joven, mayor o de mediana edad? . . . .

¿Hombre o mujer? . . . . . .

¿Profesión? . . . . . .

¿Aficiones? . . . . . .

2 Think of someone famous who is still alive or someone you know well. What statements would you make about his or her likes and dislikes? Make at least three statements.

Piense en alguien famoso que usted conozca bien. Escriba por lo menos tres frases sobre sus gustos y aficiones.

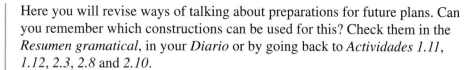

Actividad 4.3

Here you will revise ways of talking about preparations for future plans. Can you remember which constructions can be used for this? Check them in the *Resumen gramatical*, in your *Diario* or by going back to *Actividades 1.11, 1.12, 2.3, 2.8* and *2.10*.

1 Listen to Extract 32 and try to ascertain the speaker's profession.

Escuche el Extracto 32 y trate de averiguar la profesión de la persona que habla.

2 The person speaking mentions a number of preparations he normally goes through before starting a day's work, and others that anyone in his profession ought to do in order to avoid being monotonous and repetitive. Listen to the extract again and complete the table below:

Vuelva a escuchar el extracto y complete el siguiente cuadro:

Preparativos	¿Cuándo?
(a) Llegar al estadio y bajar a los vestidores y platicar con los jugadores.	(i)
(b) Tener las alineaciones.	(ii)
(c)	(iii) En general antes y después del partido.

los vestidores changing rooms

las alineaciones line-up

3 Imagine that you are interviewing Raúl, another football commentator, about his preparatory work for next Sunday's match. Listen to his answers on Extract 33. Then prepare questions based on the following topics:

Imagínese que usted va a entrevistar a un comentarista de fútbol. Hágale preguntas sobre sus preparativos para el domingo sobre los siguientes aspectos:

(a) Time needed at the stadium to prepare before the game.

(b) Contact with the players before the match.

(c) Identification of players and their position before the match.

(d) Avoiding boring commentaries.

4 You can hear some model questions on Extract 34. It doesn't matter if your questions are phrased differently, but do make sure that you use forms to express the future and that you conjugate verbs correctly.

Escuche unas posibles preguntas en el Extracto 34.

Actividad 4.4

Here you will continue practising the future, this time on the subject of travel. You may want to revise the use of *desde, hasta* and *por* (*Actividad 1.7*).

1 You are going to Mexico from Spain. Read the itinerary below:

Usted va a ir a México desde España. Lea el itinerario que va a seguir:

México DF – Taxco – Acapulco – 9 días

ITINERARIO

Día 1º: Visita de la ciudad. Empezando el recorrido por el Zócalo, que es la gran plaza donde se encuentra el Palacio Nacional y la Catedral Metropolitana, y continuando luego hasta el Parque de Chapultepec.

Día 2º: Día libre para poder continuar visitando la ciudad o realizar una excursión opcional a la Basílica de Guadalupe o a las pirámides de Teotihuacán.

Día 3º: México DF – Cuernavaca. Salida hacia la ciudad de Cuernavaca. Visita a la catedral, almuerzo, y visita al Palacio Cortés.

Día 4º: Cuernavaca – Taxco. Continuación hacia Taxco, recorrido de la población. Almuerzo y tarde libre.

Días 5º, 6º y 7º: Taxco – Acapulco. Salida hacia Acapulco. Llegada al mediodía. Días libres para disfrutar de la playa y los cruceros por la famosa bahía.

Días 8º y 9º: Regreso a Ciudad de México y vuelo de regreso a España.

---

2 Using the information in the itinerary, complete the following sentences with *desde, hasta* or *por*:

Utilizando toda la información del itinerario anterior, complete las siguientes frases con la preposición que le corresponda:

(a) El primer día se recorrerá la ciudad de México, **desde** el Zócalo ...... el Parque de Chapultepec.

(b) El tercer y cuarto día se viajará ...... México DF ...... Taxco, pasando ...... Cuernavaca.

(c) Para volver a España ...... Acapulco, hay que pasar ...... México DF.

3   Tell a friend over the phone what you will be doing on the trip. Try to use as many varied future structures as possible.

Cuéntele a un amigo lo que va a pasar en su próximo viaje.

 4   Listen to a possible answer on Extract 35.

Escuche el Extracto 35.

Actividad 4.5

Here you will practise conditions and outcomes. Go back to *Actividades 2.7* and *2.8* if you want to revise the relevant structures.

In the following flow chart, select either route A or route B. Express the situations and the relevant outcomes, as in the example. If you choose route A, use verbs in the first person plural (*nosotros*). If you choose route B, start by using verbs in the first person singular (*yo*) and change when appropriate.

Escoja una ruta en el siguiente diagrama. Exprese las situaciones y sus resultados.

Ejemplo

El próximo domingo, si hace sol, iremos al partido.

Actividad 4.6

It must be *martes 13*, the Spanish equivalent of Friday the 13th – the *Gramatikón* has appeared again! This time it has left out the verbs in the future. Read the article overleaf and put the verbs in brackets into the correct form of the future tense.

Lea el texto y utilice los verbos en paréntesis en la forma adecuada del futuro.

Elimine la tensión de su vida cotidiana

Siga los consejos de otros que como usted se ven sometidos al estrés que ocasiona la vida moderna.

Cambie de vestuario y de paisaje:

'El ir a nuevos sitios y cambiar de forma de vestir le ————————— (venir) a usted muy bien. Al principio le ————————— (costar) trabajo hacerse a la idea pero luego se ————————— (acostumbrar). ¡Es una terapia estupenda!'

Desconéctese totalmente de su trabajo y entorno laboral:

'Las personas que se relacionan socialmente con gente de otras profesiones, que no sabe nada de su trabajo, ————————— (ser) más sanas y ————————— (poder) producir más en su empresa. ¡Yo lo sé por experiencia propia!'

Mantenga su mente abierta:

'Hipócrates decía que quien sólo sabe de lo suyo, ni de lo suyo sabe. Los que leen asiduamente ————————— (saber) del mundo y de sí mismos y ————————— (ampliar) cada día sus horizontes.'

No lo deje todo en manos del azar, ¿o sí?:

'¿Que si es mejor improvisar o hacer planes para el tiempo libre?, pues eso depende de tu carácter. Si eres organizado en tu casa lo ————————— (ser) también en el resto de tu vida y ————————— (querer) planificarlo todo. Si te gusta la novedad y lo inesperado, nunca ————————— (poder) someterte a un régimen estricto. ¡Haz lo que te dé la gana!'

Por encima de todo, manténgase en control:

'Yo siempre me aseguro de que manejo mi vida a mi manera y no me dejo agobiar por nada ni nadie y nunca ————————— (dejar) que eso pase. A mis hijos siempre les ————————— (decir) que se cuiden y que recuerden mi consejo.'

saber de lo suyo
to be an expert in
one's field

Sesión 2   ¿Qué pasa y cómo se hace?

In this session you will revise ways of describing objects, processes and sequences of events.

Actividad 4.7

1   The following *adivinanzas* describe the objects illustrated. Match each one with the object it describes.

Lea las siguientes adivinanzas e identifique los objetos que describen:

(a) Grandes y pequeños son;

tienen la cabeza verde

y el tronco suele ser marrón.

(b) De la madera vengo

y en las bodegas vino contengo.

(c) Es redonda como un balón

y da vueltas alrededor del sol.

(d) Me pongo en rojo y tienes que parar;

me pongo en amarillo y te hago esperar;

me pongo en verde y ya puedes pasar.

(e) Soy de hierro, mi cuerpo es de madera;

ayudo a colgar cuadros

y canto *toc toc tic* a mi manera.

(f) Soy redonda, soy de goma,

soy de madera o metal

y acostumbro a andar con una amiga igual.

(g) De forma rectangular,

contiene documentos y cartas;

lo utiliza todo el mundo

incluidos santos y santas.

2 Now it's your turn to make up some *adivinanzas.* Choose three objects from the room you are in and describe them aloud. Record yourself if you can.

Elija tres objetos de la habitación y descríbalos en voz alta. Si puede, grábese.

3 Listen to Extract 36 for some model descriptions.

Escuche el Extracto 36.

Actividad 4.8

In the next two *actividades* you will deal with processes. Make sure you remember how to talk about sequences and stages. Go back to *Actividades 3.2, 3.5, 3.7, 3.8* and *3.9* if you want to do some revision.

1 Rewrite the following step-by-step guide to making a hammock by transforming the verbs in brackets to make impersonal sentences (*se* + verb in the third person). The first has been done for you.

Reescriba esta guía sobre cómo hacer una hamaca, utilizando frases impersonales:

Paso a paso

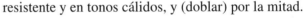

(a) Para empezar, (coger) una tela de tres metros, resistente y en tonos cálidos, y (doblar) por la mitad.

Para empezar, **se coge** una tela de tres metros, resistente y en tonos cálidos, y **se dobla** por la mitad.

almohada

(b) Luego, (coser) todo el lateral a lo largo, excepto unos 30 centímetros en la parte superior, para introducir la almohada. Después (doblar) y (coser) los extremos para introducir en el momento apropiado los listones de madera.

(c) Después (cortar) el listón. (Hacer) dos agujeros del diámetro de la cuerda. (Introducir) la cuerda por uno de los agujeros y (sacar) por el otro.

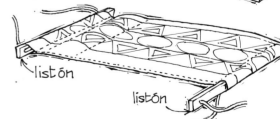

listón

listón

(d) Finalmente (introducir) los dos listones de madera con sus respectivas cuerdas en los extremos y (colgar) la hamaca.

(Basado en un artículo aparecido en *Micasa*, no. 9, julio 1995, p. 117.)

2 Now write your own set of instructions for making or doing something. It could be something related to a hobby, something that a friend told you about, or simply one of your daily routines.

Escriba las instrucciones de cómo hacer algo, no importa qué.

Actividad 4.9

1 Listen to Extract 37 on how to prepare *sangría*.

Escuche el Extracto 37 sobre cómo hacer la sangría.

2 Here is the list of ingredients for *sangría*. Write down how it is prepared.

A continuación tiene la lista de ingredientes de la sangría. Escriba cómo se prepara.

> **Ingredientes**
> Fruta: una manzana, naranja y pera
> Una botella de vino tinto
> Un litro de refresco de limón
> Bacardi al gusto
> Una copita de coñac (opcional)
> Tres cucharadas de azúcar
> Medio limón en rodajas
> Dos cucharaditas de canela
> Hielo

3 Now tell a friend how to make *sangría*, addressing him/her as *tú*.

Cuéntele a un amigo cómo se prepara la sangría, hablándole de 'tú'.

4 Listen to a model answer on Extract 38.

Escuche el Extracto 38.

Actividad 4.10

Listen to Extract 39 and take part in the dialogue, following the prompts. Make sure you use the direct object pronouns *lo, la, los, las* when appropriate. If you want to revise them beforehand, go to *Actividad 3.2*.

Vaya al Extracto 39 y participe en el diálogo siguiendo el estímulo.

Actividad 4.11

In this *actividad* you will find out about the *Sanfermines* in Pamplona.

1 Read the passage overleaf and underline the events that take place in a typical day during the fiesta:

Lea el texto y subraye los diferentes eventos que ocurren durante el día:

Sanfermines

Uno de enero
Dos de febrero
Tres de marzo
Cuatro de abril
Cinco de mayo
Seis de junio
Siete de julio
¡SAN FERMÍN!

La fiesta de San Fermín, que tiene lugar en Pamplona, al norte de España, comienza el 7 de julio y dura una semana, durante la cual la música, el vino y los toros son los protagonistas. Cada día de esta semana se celebran los mismos actos festivos:

El día empieza muy temprano con el 'encierro', el traslado de los toros desde cerca del río Arga, por las calles de Santo Domingo y Estafeta, hasta la plaza de toros.

sortear
to decide by drawing lots

Son sólo 800 metros, y dura unos tres minutos, pero el espectáculo de ver correr a los toros y a la gente por estas calles atrae a miles de espectadores todos los años (el más famoso fue Hemingway que hace homenaje a estas fiestas en su libro *Fiesta*). Después del encierro, lo típico es desayunar chocolate con churros. La fiesta continúa con el desfile de gigantes acompañados por la banda de música, que entretienen a niños y mayores. Luego, a la una, tiene lugar el acto en que se sortean los toros de la corrida de la tarde entre los tres matadores. La fiesta sigue, después del almuerzo, con un desfile de caballeros, hombres disfrazados de capa negra y sombrero, y dos grupos de mulillas, que se dirigen hacia la plaza de toros. A las seis de la tarde comienza la corrida de toros. Como en todas las corridas de toros, se torean seis toros y con el tercer toro, el público 'merienda' clarete y champán. El día termina con una larga cena, baile, música y fuegos artificiales.

las mulillas
diminutive of *mulas* (mules)

Lo tradicional es que el último día de las fiestas, el 14 de julio, después de la misa, los participantes se reúnan en una plaza a cantar:

Pobre de mí, pobre de mí
se han acaba'o las fiestas de San Fermín.

2 Complete this programme, which shows the order of events for a typical day during *Sanfermines* as described in the previous passage. Some have already been done for you.

Complete el programa de un día normal en Sanfermines, según el texto:

SANFERMINES 8 DE JULIO

PROGRAMA

MAÑANA

Encierro

• • • • • • • • • • • •

• • • • • • • • • • • •

Sorteo de los toros de la corrida

• • • • • • • • • • • •

TARDE

• • • • • • • • • • • •

• • • • • • • • • • • •

Cena, baile y música

• • • • • • • • • • • •

3 Look at your completed programme of events above and, without looking at the passage again, write a paragraph of 70–75 words describing what happens on a typical day during *Sanfermines*. Read it aloud and, if you can, record yourself.

Con base en el programa que ha completado, escriba un párrafo describiendo lo que pasa en un día de Sanfermines. Lea su descripción y, si puede, grábese.

Actividad 4.12

Complete the crossword overleaf, which contains words related to traditions and festivals found in *Unidad 3*:

Rellene este crucigrama con palabras que se relacionan con fiestas y tradiciones:

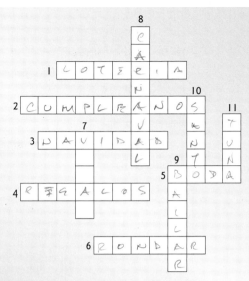

Horizontales

1 – Sorteo, puedes hacerte rico.
2 – Ese día tienes un año más.
3 – Se celebra el nacimiento de Cristo.
4 – Se dan y se reciben en Navidad, cumpleaños o santos.
5 – Acto de casarse.
6 – Cantarle a una chica en un balcón.

Verticales

7 – Las apagas cuando cumples años.
8 – El de Sitges se celebra en febrero o en marzo.
9 – Moverse al ritmo de la música.
10 – El día especial de tu nombre.
11 – Grupo musical tradicional español.

Resumen gramatical

Making suggestions and responding to suggestions (Actividades 1.1 y 1.2)

Making suggestions (What about...?)		Raising objections / expressing reservations	Expressing agreement
¿Qué me dices del de la	+ *noun* rafting? puenting? escalada?		¡Vale!
Podríamos/podemos	+ *verb* + *noun* hacer rafting. hacer canoa. hacer puenting.	Está bien, pero, no sé…	¡Bueno!
¿Por qué no	+ *present indicative* hacemos rafting? hacemos canoa? hacemos puenting?		¡De acuerdo!
¿Qué tal	+ *noun* (el) puenting? + si + *present indicative* si hacemos puenting?	Parece un poco… … tranquilo, -la. … agotador, -dora. … peligroso, -sa.	¡Estupendo!
¿Qué te parece	+ *noun* (el) puenting? + si + *present indicative* si hacemos puenting?		¡Muy bien!
¿Puenting?			¡Venga!

Making arrangements to meet (Actividad 1.3)

¿Dónde…		En la puerta del cine.
¿A qué hora…		A las siete.
¿Cuándo…		El lunes.
¿Para qué…	… quedamos?	Para ver una película.
¿Con quién…		Con Paco.
¿Cómo…		En la puerta del cine a las 3 de la tarde.

Describing an experience (Actividad 1.4)

+	–
Me he divertido mucho.	Me he aburrido mucho.
Me lo he pasado bien / fenomenal.	Me lo he pasado mal / fatal.
Ha sido divertido / entretenido / genial.	Ha sido aburrido.

Talking about the future (Actividades 1.6 a 1.8, 1.12, 2.3 y 2.6)

Ir a + infinitive (for the near future, to stress intentions)	Simple future tense (for plans and predictions)			Set phrases (for plans, to stress intentions)	Present tense (for fixed arrangements)
	Regular				
	hablar	**beber**	**vivir**		
voy	hablaré	beberé	viviré	tener planeado + *infinitive*	'Esta tarde voy al cine.'
vas	hablarás	beberás	vivirás		
va + a + *infinitive*	hablará	beberá	vivirá	pensar + *infinitive*	
vamos	hablaremos	beberemos	viviremos	querer + *infinitive*	
vais	hablaréis	beberéis	viviréis	esperar + *infinitive*	
van	hablarán	beberán	vivirán	tener pensado + *infinitive*	

Irregular future tense (first person singular)					
(tener)	tendré	(poder)	podré	(caber)	cabré
(poner)	pondré	(saber)	sabré	(hacer)	haré
(venir)	vendré	(decir)	diré	(haber)	habré
(salir)	saldré	(valer)	valdré	(querer)	querré

Time phrases with future structures (Actividad 2.10)

Hoy Mañana		Dentro de	unos minutos dos días cinco años
Esta	noche	Antes de	Semana Santa
Este	verano	Después de	Navidades
Estos	días		las vacaciones
Estas	noches		
La próxima	semana		
El próximo	mes año		
La semana	que viene		
El mes	que viene		

Talking about likes and interests (Actividad 1.10)

Singular			Plural		
Me			Me		
Te	gusta	escribir.	Te	gustan	las novelas románticas.
Le	encanta	leer.	Le	encantan	
Nos	interesa	el piano.	Nos	interesan	las películas europeas.
Os	apasiona	la música.	Os	apasionan	
Les			Les		

Conditional sentences (Actividades 2.4, 2.5 y 2.7)

Condition	Outcome	Examples
Si + *present tense...*	*future tense*	Si gano, os regalaré un jamón.
Si + *present tense...*	*present tense*	Si ganas, te llevas dos puntos.

Prepositions (Actividades 1.7 y 2.9)

Prepositions	Functions	Examples
Desde	*Marks temporal or spatial starting point*	Estaremos allí desde las siete. Iré en tren desde Madrid.
Hasta	*Marks temporal or spatial finishing point*	Me quedaré hasta el martes. Iremos hasta Madrid en coche.
Por	*Means 'going through'; shows motive or reason*	Pasaremos por cinco provincias. Trabaja por necesidad.

Describing objects (Actividad 3.1)

	Structures		Examples
Forma	Tiene forma de	+ *noun*	Tiene forma de estrella.
	Es	+ *adjective*	Es redondo.
Color	Es (de color)	+ *adjective*	Es (de color) rojo.
Material	Está hecho de	+ *noun*	Está hecho de barro.
	Es de	+ *noun*	Es de barro.

Impersonal structures (Actividades 3.1, 3.2 y 3.8)

Impersonal structures	Examples
Verb in third person plural	La hacen de barro.
Se + *verb in third person*	Se cuelga la piñata. Se cuelgan las piñatas.
Collective nouns or indefinite pronouns as subjects	Todo el mundo se disfraza. La gente se levanta pronto. Uno se acuesta tarde.
Verb in second person singular	Tú coges la tela.

Direct object pronouns (Actividad 3.3)

Lo La Los Las	compro en el mercado.

Sequencing events (Actividades 3.5, 3.6 y 3.7)

	Beginning	Middle	End
Verbs	empezar comenzar iniciar	continuar seguir	acabar culminar finalizar terminar
Markers	primero para empezar para comenzar	después a continuación posteriormente luego	por último finalmente para terminar

Word families (Actividad 3.8)

Verbs	Nouns	Adjectives	Adverbs
comenzar	comienzo		
iniciar	inicio / iniciador	inicial	inicialmente
continuar	continuación	continuo	continuamente
terminar	término / terminal	terminal	
finalizar	final / finalista / finalización	final	finalmente

Vocabulario

Deportes

el aficionado

agotador, -dora

el buceo

la canoa

las carreras de caballos / los paseos a caballo

el ciclismo

de aventura

emocionante

empatar / hacer tablas

el entrenador

entrenar

el equipo

la escalada

el fútbol

ganar

hacer canoa

hacer trampa

hacer windsurf

el jugador

jugar a

nadar

la natación

el partido

peligroso, -sa

perder

el piragüismo

el puenting

relajante

el senderismo

el tenis

tranquilo, -la

el voley playa

Juegos de mesa

el ajedrez

las cartas

los dados

las damas

el dominó

las fichas

el mus

el parchís

la partida

el tablero

Aficiones y hobbies

la artesanía

el cine

la danza

la jardinería

la lectura

la música

la pintura

Viajes

a pie

el albergue

el alojamiento

aterrizar

el billete de avión

caminar

despegar

desplazarse en coche

embarcar

en avión

en tren

facturar / recoger el equipaje

el horario

los imprevistos

la llegada

el pasaporte

la pensión

el recorrido

la salida

salir / llegar a su hora

salir / llegar con retraso

Ropa

el bañador

la camisa

de verano

las gafas de sol

la ropa ligera

la toalla

los vestidos

los zapatos

Meses

enero

febrero

marzo

abril

mayo

junio

julio

agosto

septiembre

octubre

noviembre

diciembre

Estaciones

la primavera

el verano

el otoño

el invierno

Descripción de objetos

Forma

circular

cuadrado, -da

de cono

de estrella

rectangular

redondo, -da

Color

amarillo, -lla

azul

blanco, -ca

colores oscuros / llamativos / chillones

marrón, -ona

negro, -ra

rosa

verde

Material

el barro

el cartón

el cristal

la madera

el metal

el papel

el plástico

Cocina

el aceite de oliva

el ajo

la carne

la cebolla

la fruta

el gazpacho

el huevo

el kiwi

el limón

la manzana

el melón

la naranja

la patata

el pescado

el pimiento

la sal

la sangría

el tomate

la verdura

el vinagre

Recetas de cocina

el almuerzo

calentar

la cena

cocer

la comida

el desayuno

freír

los ingredientes

poner al horno

la preparación

Fiestas y tradiciones

el Año Nuevo

bailar

beber

el carnaval

la carroza

celebrar

la corrida de toros

el cumpleaños

dar regalos

el día del santo

disfrazarse

disfrutar

divertirse

gastar bromas

la máscara

la Navidad

pintarse

los Reyes

rondar

HISPANOAMÉRICA

Pronunciation
In Spanish America, 'c' (when followed by 'e' or 'i') and 'z' are always pronounced /s/.

Names and titles
Married women in Spanish America often adopt their husband's surname, which is placed after their own surname and preceded by *de*, e.g. Gloria Álvarez de Cachón.

The titles *don* and *doña* are used very commonly as a sign of respect to older or more senior people, e.g. '*No se preocupe, don Zacarías.*'

Use of some verbs
Jugar does not require the preposition *a* or the definite article, e.g. '*Me gusta mucho jugar fútbol.*'

Some verbs are pronominal in Spanish America but not in Spain. A common example in some regions is *desayunarse*, e.g. '*Todos los días nos desayunamos con café.*'

Acostumbrar does not require *a* when followed by an infinitive, e.g. '*En Colombia no acostumbramos comer tan tarde.*'

Words of American origin that are common to all Spanish speakers

el aguacate	la canoa	el pimiento
la balsa	la hamaca	la piragua / el piragüismo
el cacao	el maíz	el tomate

Words specific to Spanish America

ahorita = ahora (*in Spain*)

americano = *born in or belonging to the American continent* (*not just to the USA*)

el canotaje = el rafting (*in Spain*)

la cuadra = *section of a street from one corner to the next*

la gripa = la gripe (*in Spain*)

la manzana = *four* cuadras *joined at the corners*

la papa = la patata (*in Spain*)

la piñata = *no equivalent in Spain*

la plática = la charla (*in Spain*)

la tabla hawaiana = el surfing (*in Spain*)

José Asunción Silva (1865–1896)
Es uno de los poetas latinoamericanos más conocidos y se le considera el pionero del modernismo en Colombia. Trabajó cierto tiempo como secretario general de la embajada colombiana en Venezuela. Durante su viaje de regreso, perdió una cantidad significativa de su obra literaria tras naufragar el buque de vapor en el que viajaba. Se rumora que este suceso, junto con la muerte prematura de su hermana Elvira y las dificultades financieras que sufrió, lo llevaron a suicidarse en 1896.

Clave

Unidad 1

Actividad 1.1

1 The answers are approximate only since they are largely subjective.

Paracaidismo: peligroso, emocionante.

Senderismo: agotador, emocionante, tranquilo.

Buceo: emocionante, agotador, relajante, tranquilo.

Escalada: peligroso (-sa), emocionante, agotador (-dora).

Espeleología: peligroso (-sa), emocionante, agotador (-dora), claustrofóbico (-ca).

Olímpico does not apply to any of these sports. In this context it means 'one of the Olympic games'.

2 (d) They are considering which adventure sport they should try tomorrow.

3 (a) Los tres deportes son: **canoa**, **puenting** y **rafting**.

(b) Deciden no hacer canoa porque es **tranquila**.

(c) Deciden no hacer puenting porque es **peligroso**.

(d) Deciden hacer **rafting** a la mañana siguiente a las nueve.

4 The expressions in bold show the reactions to the proposals:

Sergio: **Está bien, pero, no sé, un poco tranquila, ¿no?**

Guillermo: ¿Puenting?

Sergio: **Puenting… no sé**. Tirarse de un puente **parece un poco peligroso, ¿no?**

And later in the conversation:

Sergio: **Venga.** ¿Cómo, cuándo quedamos?

Guillermo: ¿Te paso a buscar por tu habitación a las nueve?

Sergio: **Vale.** Pues entonces quedamos mañana a las nueve.

Guillermo: Muy bien… hasta mañana.

Sergio: Hasta mañana.

Actividad 1.2

1 The following answers are only some of the possible alternatives:

(a) ¿Qué tal si hacemos buceo desde un velero?

(b) ¿Qué me dices de un paseo a caballo?

(c) ¿Qué te parece si hacemos cicloturismo / turismo en bicicleta?

(d) Muy bien.

(e) Pues, no sé, parece un poco larga, ¿no?

Actividad 1.3

1 (a) ¿Dónde quedamos?

En mi casa.

(b) ¿A qué hora quedamos?

A las nueve.

(c) ¿Cuándo quedamos?

El miércoles.

(d) ¿Dónde quedamos?

En el Bar Manolo.

(e) ¿Cómo quedamos?

En la catedral a las siete y cuarto.

(f) ¿Con quién quedamos?

Con Marta.

(g) ¿Para qué quedamos?

Para ir al teatro.

2

(a) Marcos, ¿qué tal si vamos al cine esta noche? Ponen *El paciente inglés* en el Alameda Multicines.	(i) Vale, estupendo. Carmen, te espero en la puerta del cine a las siete menos cuarto.
(b) ¡Hola Ana! ¿Qué te parece si vamos al parque algún día esta semana a comer? Los niños pueden venir con nosotras, ¿no?	(iii) Pues, no sé, Maribel, hace mucho frío. Mira, vamos al parque pero sin niños, ¿vale? Te espero en la entrada del parque, el miércoles a las dos.
(c) Oye, Juan, ¿qué me dices de un partido de tenis esta tarde?	(iv) Venga, Julián, vale. Nos vemos en la cancha de tenis 2, a las siete.
(d) Mamá, te noto un poco tristona. ¿Qué te parece si almorzamos mañana juntas?	(ii) Estupendo, Curra. Quedamos en el Bar Rosales a las dos.

3 ● Ana y Maribel han quedado en la entrada del parque el miércoles a las dos para comer.

● Juan y Julián han quedado a las siete en la cancha 2 para jugar un partido de tenis.

● Curra y su madre han quedado mañana a las dos en el Bar Rosales para almorzar.

Note that there is no strict word order to say when and where people are meeting, e.g.:

Nos vemos a las siete en la cancha de tenis

or

Nos vemos en la cancha de tenis a las siete.

Actividad 1.4

1/2 Other possible questions could include:

¿Es muy duro?

¿Qué se necesita llevar para practicarlo?

¿Lo pueden practicar personas mayores?

3 You may have written something like:

Rafting es descender por ríos de aguas bravas en balsas neumáticas. No es peligroso. Se hace todo el año. Lo hace la gente joven y los no tan jóvenes. ¡Es un deporte sensacional!

4 You may have given different answers to those shown here. Check with the table on page 212 that you have written the structures correctly.

(a) Ha sido bastante aburrido.

(b) Me lo he pasado fenomenal.

(c) Me lo he pasado fatal.

(d) Me lo he pasado genial.

Actividad 1.5

1 (a) The title suggests a cold and sunny place at high altitudes.

(b) The subtitle suggests that the text is about the attractions of the Cordillera Blanca for different types of travellers: *contemplación* suggests tranquillity for those who seek it and *riesgo* suggests the opposite.

3

Main idea	Evidence from the text
First paragraph The Cordillera Blanca offers holiday opportunities to all: those looking for adventure or for less energetic pursuits.	… representa un conjunto de condiciones que favorecen tanto al turismo recreativo, de poco esfuerzo físico, como al de aventura.
Second paragraph (a) There is a wide variety of adventure activities on offer.	El visitante inquieto puede optar por deportes campestres, entre los que se cuentan el canotaje, la bicicleta de montaña, el esquí y, sobre todo, el montañismo y las siempre fascinantes caminatas.
(b) Those looking for adventure can enjoy it to the full in the Callejón de Huaylas.	Para vivir estas intensas experiencias con la adrenalina que caracteriza a los deportes de acción, el Callejón de Huaylas es un verdadero desafío.
Third paragraph People looking for more relaxing activities will also find something.	El Callejón también acoge a aquéllos que buscan experiencias más tranquilas.

The sentences that best summarized the content were either at the very end or at the very beginning of each paragraph. The first paragraph introduced the content of the whole text. This is very often the case in all types of texts and, in general, you can make use of this to understand the overall meaning of a paragraph, even if individual sentences are more difficult to understand.

4 Segundo párrafo: deportes campestres (el canotaje, la bicicleta de montaña, el esquí, el montañismo, las siempre fascinantes caminatas), altas y difíciles cumbres, adrenalina, deportes de acción, desafío.

Tercer párrafo: experiencias más tranquilas, rápidos intensos y espectaculares, pintorescos poblados, (recorran) esta ruta en auto o caminando, experiencia fabulosa, belleza y majestuosidad pacificante.

Actividad 1.6

1 (a) Some of the adventure sports mentioned so far are: *rafting* (*canotaje* in Spanish America), *puenting*, *canoa* and *piragüismo*.

2 The correct answers are: (b) – (vi), (c) – (ii), (d) – (i), (e) – (iii), (f) – (iv).

3

Planes	Imprevistos	Preparativos
Ir en coche ✓	Lluvia ✓	Preguntar a amigos
Ir a caballo	Nieve	Buscar la información en la biblioteca ✓
Llegar arriba ✓	Accidentes ✓	Revisar el material de escalada ✓
Descansar		Alquilar material complementario
Bajar ✓		Comprar el material necesario (lo que haga falta) ✓

4

preguntar	contestar
desconocido	conocido
descenso	ascenso
nada	todo
terminar	empezar / comenzar
arriba	abajo
bajar	subir

5

yo	hablaré	beberé	viviré
tú	hablarás	beberás	vivirás
él/ella/Ud.	hablará	beberá	vivirá
nosotros, -as	hablaremos	beberemos	viviremos
vosotros, -as	hablaréis	beberéis	viviréis
ellos/ellas/Uds.	hablarán	beberán	vivirán

6

Planes	Preparativos
Irán en coche.	Buscarán la información en la biblioteca.
Llegarán arriba.	Revisarán el material de escalada.
Bajarán.	Comprarán el material necesario.

Actividad 1.7

1 El que pasa por Alminar.

2 Desde Tomillo hasta Pajares.

3 Desde Pajares hasta Arce.

4 (El velero funciona) desde mayo hasta noviembre.

5 El que pasa por las montañas / los Picos de Trévere.

Actividad 1.8

1

	Lugar
1	Galicia
2	Rumanía
3	El estado de Michoacán
4	La playa

4 You might have replied something like this:

Bueno, pues en mis próximas vacaciones tengo planeado ir a España a practicar un poco mi español. Visitaré a unos amigos en Zaragoza y luego iremos juntos a Barcelona por una semana.

Or even something like this:

En mis próximas vacaciones voy a tener que quedarme en casa porque tengo mucho trabajo. Quiero irme unos días para el Distrito de los Lagos pero no sé si voy a tener tiempo.

Actividad 1.9

2 ¿En qué provincia española pasarán los españoles sus vacaciones?

Muchos españoles pasarán sus vacaciones en Andalucía, Cataluña o la Comunidad Valenciana.

Algunos españoles pasarán sus vacaciones en Galicia.

¿En qué consisten las vacaciones ideales para los españoles?

La mayoría de los españoles prefiere ir a un sitio tranquilo con poca gente.

Una pequeña parte de los españoles prefiere ir a un sitio con mucha gente.

¿En qué país extranjero pasarán los españoles sus vacaciones?

Muchos españoles pasarán sus vacaciones en Francia.

Pocos españoles pasarán sus vacaciones en África.

Actividad 1.10

1 You may have written:
La lectura, el cine, la música, el deporte, la pintura, la jardinería.

2

Escribir	1
La lectura	1 2
El cine	1
La música clásica	2
El deporte	2
La tabla hawaiana	3

3 (a) A mí me gusta la música.

(b) ¿A ti te gusta pintar?

(c) A Ana le gusta viajar en tren.

(d) A nosotros nos gusta el flamenco.

(e) ¿A vosotros os gusta el teatro?

(f) ¿A ustedes les gustan los helados?

(g) A mis amigos les gusta el cine.

(h) ¿A mis hermanos les gusta el ajedrez?

Actividad 1.11

2 (b) and (d) are correct.

3 (a) – (iii), (b) – (i).

4 He uses *ir a* + infinitive, e.g. '*Voy a llegar allá...*'.

5 Me voy a llevar también una chaqueta...

Se va a abrir el avión...

Me voy a volver loco durante dos días...

Actividad 1.12

1

Salida	Llegada
facturar el equipaje	aterrizar
embarcar	desembarcar
despegar	recoger el equipaje

3 (a) Los señores Palma van a salir con un retraso de veinte minutos.

(b) La familia Ventura va a facturar el equipaje.

(c) Juan va a aterrizar.

(d) La señora Perdomo y sus hijos van a recoger el equipaje.

(e) Marta y Luis Cantillo van a pasar por aduana.

Actividad 1.13

1 You may have selected the following as the key words / expressions:

… ir a la playa.

… al pueblo de mi madre…

… nos vamos un mes…

… te alquilas una casa…

… estás […] ahí en verano…

… te acuestas más tarde…

… te levantas más tarde…

… comes fuera…

… y con los amigos y con la familia…

2 (a) Falso. (*She goes to the seaside with her family.*)

(b) Verdadero.

(c) Falso. (*She takes books to read.*)

3 (a), (c) and (e) are correct.

4 Raquel takes the following objects on holiday:

Suitcase with clothes (*maleta con la ropa*)

Swimming costume (*bañador*)

Towel (*toalla*)

Summer shoes (*zapatos de verano*)

Summer dresses (*vestidos de verano*)

Books (*libros*)

Racquets and balls (*raquetas y pelotas*)

Walkman (*música para escuchar en la playa con los cascos*)

Actividad 1.14

1 There are no right or wrong answers to this exercise. However, this is how you might have classified the words / expressions:

2 Here are some possible answers:

(b) – (i)   Porque a Juan Fuentes le gusta la playa y desconectarse de todo. En Puerto Rico va a poder relajarse.

(c) – (iii) Porque es un viaje a caballo recorriendo pueblos y a Mónica y Pepe les encanta el campo y la naturaleza.

(d) – (iv) Porque a Sol le gusta conocer culturas distintas y en Machu Picchu va a tener la oportunidad de conocer una cultura y civilización milenaria.

3 You could have written something like this:

Yo prefiero las vacaciones ecuestres en Castilla porque me encantan los animales y la naturaleza. Además, la fecha es muy conveniente porque tengo vacaciones durante el mes de agosto.

Unidad 2

Actividad 2.1

1 Las damas

El ajedrez

El dominó

El parchís

El mus

2 (a) Carlos and Zacarías

(b) Isabel

(c) Rosita

3 The correct answers are: (a–i), (b–i), (c–ii), (d–ii), (e–ii).

4 (a) ganar

(b) distraerte (*remember that the infinitive is* distraerse)

(c) perder

(d) jugar

(e) hacer trampas

Actividad 2.2

1 The correct answers are:

(a) – (iii), (b) – (ii), (c) – (iv), (d) – (i),

(e) – (v).

Actividad 2.3

1 It is in the future tense.

2 (a) empezará, será, seguirá

(b) empleará

(c) podrás

4

Madrid, 20 de mayo de 1999

Queridos Marcelino, Tomaso y Manolo:

Os escribo unos días después de mi llegada a Madrid. Copito de Nieve y yo nos vamos adaptando poco a poco al estilo de vida de la ciudad. Pero os diré que la gente de aquí es un poco especial. Cuando saco a Copito de Nieve a pasear, siempre hay alguien que me pregunta: '¿De qué raza es su perro?' ¡Pero, bueno, no está claro que es una oveja!

Estoy muy contento porque me he apuntado a un campeonato de damas que se celebrará el fin de semana. Tendré que entrenar a fondo si quiero ganar. Mi nieta dice que vendrá a verme. Yo creo que habrá mucho público porque todos los vecinos del bloque me han prometido que vendrán también. No sé si podré emplear mis tácticas habituales porque ya sabéis que en la ciudad 'las reglas del juego' son diferentes a las del pueblo. ¡Ah! No os he contado lo mejor. Si gano, me darán un jamón. Si consigo el jamón, haremos una fiesta en el piso, y ¡demostraré que con dientes postizos se come jamón muy bien! ¿A que sí?

Bueno, un saludo a todos, ya os pondré al día de los resultados del campeonato en mi próxima carta.

Zacarías

Actividad 2.4

1

Condition	Outcome
Si gano,	os regalaré un jamón.
Si llueve,	no saldré.
Si bebo,	no conduciré.
Si necesitas ayuda,	yo te ayudaré.
Si me escribes,	te responderé pronto.

2 These are some of the possible ways of answering:

Condition	Outcome
Si solicita el Extra Crédito de Bancunter,	podrá reformar su casa.
Si te suscribes a la guía Hot Pop,	encontrarás los discos y vídeos que no encuentras en las tiendas.
Si compra el modelo Júpiter de coches Miat,	vivirá intensamente.
Si te haces socio de PPV,	evitarás el tráfico ilegal de especies animales.
Si adquiere Rumbosoft Beep 99,	navegará sin problemas la Internet.

3 The advertisements that address the clients as *usted* are probably aimed at business people, as business relations tend to be more formal. Those that address the client as *tú* are targeting a younger, more informal group of people.

Actividad 2.5

Here is a possible answer:

CLUB DE JUBILADOS ARCO IRIS

¡Apúntate al club de jubilados ARCO IRIS!

Si tienes 65 años o más…
Si vives en el Barrio Sol…
Si te interesan los juegos de mesa…
Si te gusta ir de paseo con amigos…

Aquí conocerás nuevos amigos.
Podrás practicar tus juegos favoritos.
Tendrás la oportunidad de ir a excursiones organizadas.
Podrás usar las acogedoras instalaciones del club.

¡En fin, lo pasarás estupendamente!

¡Anímate y ven!

CLUB DE JUBILADOS ARCO IRIS

¡Apúntate al club de jubilados ARCO IRIS!

Requisitos:
– Edad: mayor de 65
– Dirección: Barrio Sol
– Intereses:…

¡Anímate y ven!

Beneficios:
– Conocer gente nueva
– Participar en excursiones organizadas
– Disfrutar de las instalaciones del club (salón de juegos, bar, restaurante)

Actividad 2.6

1

	Refers to the present	Refers to the future
(a)	✓	
(b)		✓
(c)		✓
(d)	✓	
(e)		✓

2 (a) El 31 de diciembre la biblioteca pública abre a las 10.00 horas / cierra a las 14.00 horas.

(b) El 19 de diciembre Lorenzo Martínez sale de Londres a las 15.00 horas / llega a Zaragoza a las 17.00 horas.

El 26 de diciembre Lorenzo Martínez sale de Zaragoza a las 16.00 horas / llega a Londres a las 18.00 horas.

(c) El 20 de junio hay/es luna llena.

You could also have used the simple future or the future with *ir a* + infinitive.

Actividad 2.7

2 *Prueba*: Si **caes** en la casilla *Prueba*, el jugador a tu derecha te **hace** una pregunta en español. Si **tardas** en contestar más de un minuto, **retrocedes** una casilla.

Canto: Canta tu canción favorita.

Chiste: Aquí tienes que contar un chiste en español. Si el resto de los participantes no **se ríen**, **pierdes** tres puntos y **retrocedes** tres casillas.

Tiburón: Mala suerte. Si tu ficha **cae** en esta casilla, **vuelves** a la casilla de *Salida*.

Letras: Tienes que deletrear en español los nombres de todos los jugadores. Si **te equivocas**, el último jugador **intercambia** su posición con la tuya.

Historia: Si tu ficha **aterriza** en esta casilla, **tienes** que decir una fecha histórica en español. Si los jugadores no **aciertan** a qué hecho histórico se refiere, **bajan** dos casillas.

¿Origen?: Nombra un objeto, animal o producto típico de cualquier país de habla hispana: por ejemplo, los habanos de Cuba. Si **consigues** mencionar dos objetos, **subes** tres casillas.

Olé: Te toca bailar salsa, tango, flamenco o la bamba. Si no **sabes** o no **quieres**, todos los jugadores excepto tú **avanzan** dos casillas.

Note that the outcomes could also be expressed with the future tense:

Ejemplo

Si **caes** en la casilla *Prueba,* el jugador a tu derecha te **hará** una pregunta en español. Si **tardas** en contestar más de un minuto, **retrocederás** una casilla.

Actividad 2.9

2

Local	Especialidad
Honky Tonk	*Nouvelle cuisine*, música en directo
Café de Chinitas	Tapas, calidad de bailaores y cantaores de flamenco
Galetos	Churrasquería
La Fídula	Música clásica

3 *Por* here means 'because of'.

4 Mi pub preferido es uno que está muy cerca de casa. Me encanta este pub por el ambiente que hay pero no por el precio de la cerveza. ¡Es carísima!

Mi restaurante preferido se encuentra en el centro de Oxford. Me encanta por la cocina mexicana que se sirve además del ambiente relajiento. ¡Ahí puede uno pasárselo padrísimo!

5 (b) Consuelo dice que no trabaja por amor al dinero.

(c) La gente ahora va menos al centro a comprar por los atascos de tráfico.

(d) Jerez es famoso por los vinos que se hacen allí.

(e) En general la gente ahora viaja mucho más por las facilidades que hay hoy día.

(f) Juan va a España pocas veces por su trabajo.

6 *Por ahora* = (duration) for the time being.

Por si acaso and *por si las moscas* both mean 'just in case' but the former is formal while the latter is colloquial.

Por suerte = luckily.

¡Por fin! = At last!

As *por* has so many different uses it is easier to look these expressions up under *ahora / acaso / mosca / suerte / fin*, as these entries are so much shorter, e.g.:

> **mosca**[2] *f* **1 (a)** (Zool) fly; **no se oía ni una ∼** you could have heard a pin drop (colloq); **caer como ∼s** to go down *o* drop *o* fall like flies; **es incapaz de matar una ∼** she wouldn't harm *o* hurt a fly; **estar con la ∼ en** *or* **detrás de la oreja** to be wary, be on one's guard; **ir de ∼** (Méx): **atrás del trolebús iban dos muchachos de ∼** two boys were riding on the back of the trolleybus; **papar ∼s** (fam) to mooch around (colloq); **por si las ∼s** (fam) just in case (colloq), just to be on the safe side (colloq); **¿qué ∼ te/le ha picado?** (fam) what's got into *o* what's up with you/him? (colloq), what's eating you/him? (colloq); **sentirse como ∼ en leche** (Col fam) to feel like a fish out of water; **venir** *or* **acudir como ∼s** to swarm round like flies; *ver tb* ⇒ **mosquita (b)** (para pescar) fly
> **mosca tsé-tsé** *or* **tsetsé** tsetse fly
> **2** (fam) (dinero) dough (colloq), readies (*pl*) (BrE colloq); **afloja la ∼** cough up (colloq)

7 The title of the poem means 'Dusk' and talks about the time of day when children stop their games, get ready for bed and listen to sometimes scary (*tenebrosos*) fairy tales.

8 The expressions with *por* are:

por entre cortinas / por los cortinajes / por los rincones / por los prados / por siempre.

The first four refer to the use of *por* with places, meaning 'through' or 'around'. *Por siempre*, which translates as 'forever', is the odd one out since it refers to duration.

Actividad 2.10

1 (a) Tenis: Sánchez Vicario vence…

(b) Fútbol: Ronaldo marcó el gol…

(c) Golf: La Ryder Cup…

(d) Ciclismo: Tour de Francia…

(e) Natación: Tres records nacionales…

(f) Carreras de caballos: Helissio intentará triunfar…

2 Here are some examples of questions that could have been asked:

¿Contra quién jugará?

¿Qué opina de su contrincante / adversario / oponente?

¿Cree que tiene posibilidades de ganar?

¿Cómo se encuentra de forma física?

4 (a) La persona entrevistada es un jugador de fútbol.

(b) El sábado que viene será el próximo partido contra el Cristal.

(c) Cuando se retire del fútbol, la persona entrevistada piensa jugar como aficionado y entrenar a chicos jóvenes.

(d) La temporada de fútbol empieza después de Semana Santa.

5 The words related to sports in the text are:

partido de fútbol	jugador(es)
jugar (contra)	practicar
equipo	mantenerse en forma
ganar	temporada
entrenar	público
aficionado	

Actividad 2.11

1 (a) Los deportes mencionados son el fútbol, el baloncesto y el balonmano.

También se mencionan otros pasatiempos como el senderismo.

(b) Porque la gente piensa que el deporte es bueno para la salud.

(c) El fútbol se juega con los pies, en cambio el balonmano se juega con las manos.

(d) El balonmano se parece al baloncesto en que se juega en una pista parecida. Se parece al fútbol en que se juega con porterías pero más pequeñas que las del fútbol.

2 You could describe *balonmano* like this:

El balonmano es un deporte bastante popular ahora en España. Se parece un poco al fútbol porque se juega con porterías pero más pequeñas. El fútbol se juega con los pies, en cambio el balonmano se juega solamente con las manos.

Actividad 2.12

Aquí están las respuestas al test:

1

Nombre	Deporte
Miguel Induráin	ciclismo
Conchita Martínez	tenis
Severiano Ballesteros	golf
Linford Christie	atletismo
Pelé	fútbol

2

Deporte	No. de jugadores
Críquet	11
Fútbol	11
Rugby	15
Baloncesto	5

3

Deporte	País de procedencia
Críquet	Inglaterra
Béisbol	EEUU
Golf	Escocia
Boxeo	Inglaterra

4 Natación, boxeo, senderismo, puenting, piragüismo, etc.

3

Deporte	¿Con qué se juega?	¿Cúal es el objetivo del juego?
El voley playa	Pelota y red.	Pasar la pelota sobre la red al terreno del otro bando.
El frisbee	Disco de plástico.	Capturar el disco sin dejarlo caer.
La gimnasia rítmica	Cuerda, pelota, lazo, mazas o un aro.	Hacer piruetas con movimientos elegantes en armonía con los aparatos que se manejan.
La pelota vasca	Pelota, cesta y palas de diferentes tamaños, y un muro frontal.	Lanzar la pelota contra un muro y capturarla sin rebotar más de dos veces.

Unidad 3

Actividad 3.1

1 (a) de estrella

(b) amarillo, verde, rosa

(c) papel

2 (a) A los niños les encanta la piñata.

(b) Dentro hay fruta o dulces.

(c) El objetivo es romper la piñata con un palo y conseguir la fruta o dulces que hay dentro.

3 (a) La piñata tiene forma de **estrella**. Sobre un **círculo** sacan unos **conos**.

(b) Está hecha de **barro** y adornada con papel de china.

(c) Es de colores **llamativos** como el rosa, el amarillo y el verde chillón.

4 The correct order is: (c), (e), (f), (d), (b), (a).

5 Your descriptions may be different. Check your noun / adjective agreement and verb / adverb agreement.

(a) Es rectangular. Está hecho de papel.

(b) Tiene forma cuadrada. Es de madera. Es blanco y negro.

(c) Tiene forma de cono. Es de cartón. Es de diferentes colores.

(d) Es rectangular. Está hecha de madera.

(e) Es redonda. Está hecha de metal. Es dorada (amarilla).

7 You could have written:

Una piñata tiene forma de estrella y está hecha de barro. Tiene unos conos de cartón forrados en papel de china de colores llamativos. Se llena de fruta y dulces y se cuelga. Se (les) vendan los ojos a los niños y ellos tratan de romper la piñata con un palo para sacar la fruta y los dulces.

Actividad 3.2

1 (a) verdura

(b) platos nuevos

(c) aceite, vinagre y sal

(d) cebolla, ajo y aceite de oliva

(e) cocer

2 The title of the text, *¡Menudo Tomate!*, is an emphatic exclamation which means 'What a tomato!' The adjective *menudo* is used in this type of expression to stress the qualities, and in particular the size, of the noun it goes with. An equivalent expression is: *¡Qué tomate!*

3 Su origen es: la comida de las gentes del campo.

Tiene los siguientes ingredientes: pan y ajo machacados, aceite, sal, vinagre (y agua).

Hay varios tipos de gazpacho: el andaluz, el extremeño y los gazpachos blancos.

Actividad 3.3

1 *La* refers to *piñata*.

Los refers to *conos*.

Actividad 3.4

1 Either *se* + verb in the third person, or the third person plural, would have been correct here:

(a) En la Feria de Sevilla se bailan (*or* bailan) sevillanas y se bebe (*or* beben) fino.

(b) En los Sanfermines de Pamplona se corre (*or* corren) delante de los toros.

(c) En los carnavales de toda España se pintan (*or* la gente se pinta) la cara y se disfrazan (*or* se disfraza).

(d) En el día de San Jordi en Cataluña, se regalan (*or* regalan) un libro y una flor.

Actividad 3.5

1 (a) toros (*the other expressions relate to how people enjoy carnivals*)

(b) llorar (*it is not related to having fun*)

(c) lazo (*it is not used to hide your body or parts of it*)

2 (a) En carnaval la gente se disfraza para poder hacer lo que el resto del año no hace.

(b) El carnaval se celebra en febrero o marzo, depende.

(c) En carnaval la gente se reúne y se dirige hacia el centro del pueblo donde está el rey del carnaval.

(d) La máscara está hecha de papel maché.

(e) El disfraz lo hacen ellos mismos.

3

empezar	continuar	culminar
comenzar	seguir	terminar
iniciar		acabar
		finalizar

5 You may have chosen different verbs from those in the model answers, but as long as they are similar to those given, your answers will be correct. The 24-hour clock is used mainly in printed timetables.

(a) Las fiestas de Motril comienzan a las nueve con la procesión de la Santísima Virgen de la Cabeza, patrona de Motril. Continúan a las diez en la Caseta Municipal con la orquesta del Cabaret Tropicana de Cuba. Terminan a las tres y media con la Gran Sardinada.

(b) La fiesta al aire libre se inicia a las diez con la carrera de bicicletas. Continúa a las once y media con la actuación de la orquestina. Sigue a la una con la actuación del teatro de calle. Finaliza a las dos con el concurso de macetas.

Actividad 3.6

Verbs	Nouns	Adjectives	Adverbs
comenzar	comienzo		
iniciar	inicio / iniciador	inicial	inicialmente
continuar	continuación	continuo	continuamente
terminar	término / terminal	terminal	
finalizar	final / finalista / finalización	final	finalmente

There are many more words that you could have listed. The examples in the model simply illustrate how word families are derived.

Actividad 3.7

1
primero	luego	por último
para empezar	a continuación	para terminar
para comenzar	después	finalmente
	posteriormente	

2 The correct order is: (a), (c), (e), (d), (b).

3 You may have written something like this:

La fiesta de Nuestra Señora de Guadalupe comienza con el viaje de los peregrinos a la capital. Poco a poco una inmensa multitud se reúne frente a la plaza y posteriormente, a las once de la noche, todos los asistentes se unen para cantarle a Nuestra Señora las tradicionales 'mañanitas'. A continuación, los peregrinos elevan sus plegarias a la Virgen y la fiesta culmina con danzas tradicionales en la plaza, hasta el día siguiente.

Actividad 3.9

1 You could have written:

(a) El carnaval se celebra antes de Semana Santa, en febrero o marzo.

(b) En carnaval la gente se disfraza y hace lo que no puede hacer el resto del año. En general se divierten mucho.

2 The correct answers are: (b) – (iii), (c) – (vi), (d) – (v), (e) – (i), (f) – (ii).

3 (a) Participan los niños, señores y ancianos (viejitos y viejitas).

(b) La figura imaginaria que es la protagonista es el mal humor.

4 (a) Segundo día:
La coronación de los reyes infantiles.

(b) Tercer día:
La coronación del rey del carnaval.

(c) Cuarto día:
La coronación de la reina del carnaval.

(d) Finalmente:
La quema del mal humor.

Actividad 3.10

1 The verbs are *tirar, invitar, tocar* and *salir*. They combine with the other words / groups of words as follows:

Tirar una flor.

Invitar a una copa y una tapa.

Tocar música.

Salir al balcón.

2 The order of the activities is:

Salir al balcón.

Tocar música.

Tirar una flor.

Invitar a una copa y una tapa.

3 The activity that is not mentioned by Bernardo is *tirar una flor*.

4 (a) Una tuna es un grupo musical.

(b) La forman estudiantes.

(c) Tuvo origen aproximadamente en el siglo XV.

(d) Aparte de España, las tunas también son populares en Portugal y Sudamérica.

Unidad 4

Actividad 4.2

1 ¿Nacionalidad?: Español.

¿Edad?: Mayor (*'... he vivido muchísimos años.'*).

¿Hombre o mujer?: Hombre (*'Admiro la belleza femenina.'*).

¿Profesión?: Director de cine (*'Con todos me comunico a través de mis películas.'*).

¿Aficiones?: La lectura, el cine, los bares, el alcohol y el tabaco.

Se trata de Luis Buñuel, un director español de cine, precursor del cine surrealista, que fue amigo de Salvador Dalí y Federico García Lorca. Entre sus películas más famosas se encuentran *Viridiana, El discreto encanto de la burguesía, El oscuro objeto del deseo* y *Belle de jour*. Murió en 1983.

2 Ésta podría ser una descripción del tenor José Carreras:

Le encanta cantar desde que era niño.

Le gustan el triunfo y la fama.

Le gustan los donjuanes pero sólo en las óperas.

Le emocionan los grandes teatros del mundo.

No le gusta hablar mal de las mujeres.

Actividad 4.3

1 Fernando is a sports commentator.

2

Preparativos	¿Cuándo?
(a) Llegar al estadio y bajar a los vestidores y platicar con los jugadores.	(i) Una hora y media o dos antes del partido.
(b) Tener las alineaciones.	(ii) Una hora antes del partido o 45 minutos antes.
(c) Prepararse muy bien con vocabulario: leer mucho.	(iii) En general antes y después del partido.

Actividad 4.4

2 (a) El primer día se recorrerá la ciudad de México, **desde** el Zócalo **hasta** el Parque de Chapultepec.

(b) El tercer y cuarto día se viajará **desde** México DF **hasta** Taxco, pasando **por** Cuernavaca.

(c) Para volver a España **desde** Acapulco, hay que pasar **por** México DF.

Actividad 4.5

Route A:

El próximo domingo, si hace sol, iremos al partido.

Si ganamos, lo celebraremos en el bar *or* iremos a casa a contarle a la familia.

Si perdemos, iremos a casa a contarle a la familia *or* cambiaremos de equipo.

Route B:

El próximo domingo, si llueve, iré al cine con un amigo.

Si voy con Carmen, veremos una comedia.

Si voy con Rosendo, veremos una película de suspense.

Alternatively, you could have used *ir a* + infinitive or the present tense.

Actividad 4.6

Elimine la tensión de su vida cotidiana

Siga los consejos de otros que como usted se ven sometidos al estrés que ocasiona la vida moderna.

Cambie de vestuario y de paisaje:

'El ir a nuevos sitios y cambiar de forma de vestir le vendrá a usted muy bien. Al principio le costará trabajo hacerse a la idea pero luego se acostumbrará. ¡Es una terapia estupenda!'

Desconéctese totalmente de su trabajo y entorno laboral:

'Las personas que se relacionan socialmente con gente de otras profesiones, que no sabe nada de su trabajo, serán más sanas y podrán producir más en su empresa. ¡Yo lo sé por experiencia propia!'

Mantenga su mente abierta:

'Hipócrates decía que quien sólo sabe de lo suyo, ni de lo suyo sabe. Los que leen asiduamente sabrán del mundo y de sí mismos y ampliarán cada día sus horizontes.'

No lo deje todo en manos del azar, ¿o sí?:

'¿Que si es mejor improvisar o hacer planes para el tiempo libre?, pues eso depende de tu carácter. Si eres organizado en tu casa lo serás también en el resto de tu vida y querrás planificarlo todo. Si te gusta la novedad y lo inesperado, nunca podrás someterte a un régimen estricto. ¡Haz lo que te dé la gana!'

Por encima de todo, manténgase en control:

'Yo siempre me aseguro de que manejo mi vida a mi manera y no me dejo agobiar por nada ni nadie y nunca dejaré que eso pase. A mis hijos siempre les diré que se cuiden y que recuerden mi consejo.'

Actividad 4.7

1 (a) unos árboles (e) un martillo

(b) un barril (f) una rueda

(c) la Tierra (g) un sobre

(d) un semáforo

Actividad 4.8

1 Paso a paso

(a) Para empezar, **se coge** una tela de tres metros, resistente y en tonos cálidos, y **se dobla** por la mitad.

(b) Luego, **se cose** todo el lateral a lo largo, excepto unos 30 centímetros en la parte superior, para introducir la almohada. Después **se doblan** y **se cosen** los extremos para introducir en el momento apropiado los listones de madera.

(c) Después **se corta** el listón. **Se hacen** dos agujeros del diámetro de la cuerda. **Se introduce** la cuerda por uno de los agujeros y **se saca** por el otro.

(d) Finalmente **se introducen** los dos listones de madera con sus respectivas cuerdas en los extremos y **se cuelga** la hamaca.

2 An example might be the following:

Cómo usar la lavadora de ropa

Primero se pone la ropa en la lavadora. Luego se pone el jabón en un compartimento y el suavizante en otro. Después se selecciona la temperatura adecuada y el programa apropiado. Por último se oprime el botón para encender la máquina.

Actividad 4.11

1 You might have marked the passage as follows:

El día empieza muy temprano con el 'encierro', el traslado de los toros desde cerca del río Arga, por las calles de Santo Domingo y Estafeta, hasta la plaza de toros.

Son sólo 800 metros, y dura unos tres minutos, pero el espectáculo de ver correr a los toros y a la gente por estas calles atrae a miles de espectadores todos los años (el más famoso fue Hemingway que hace homenaje a estas fiestas en su libro *Fiesta*). Después del **encierro**, lo típico es **desayunar chocolate con churros**. La fiesta continúa con **el desfile de gigantes acompañados por la banda de música**, que entretienen a niños y mayores. Luego, a la una, tiene lugar el acto en que **se sortean los toros de la corrida** de la tarde entre los tres matadores. La fiesta sigue, después del **almuerzo**, con un **desfile de caballeros**, hombres disfrazados de capa negra y sombrero, y **dos grupos de mulillas**, que se dirigen hacia la plaza de toros. A las seis de la tarde comienza **la corrida de toros**. Como en todas las corridas de toros, se torean seis toros y con el tercer toro, el público 'merienda' clarete y champán. El día termina con una larga **cena, baile, música y fuegos artificiales**.

2

SANFERMINES 8 DE JULIO

PROGRAMA

MAÑANA

Encierro

Desayuno de chocolate con churros

Desfile de gigantes y banda de música

Sorteo de los toros de la corrida

Almuerzo

TARDE

Desfile de caballeros y grupos de mulillas

Corrida de toros

Cena, baile y música

Fuegos artificiales

3 This is how you may have written your paragraph about the *Sanfermines*:

El día comienza con el 'encierro'. Luego se desayuna chocolate con churros. A continuación hay un desfile de gigantes y bandas de música. La fiesta continúa con el sorteo de toros de la corrida de la tarde. Después del sorteo, se almuerza y posteriormente hay un desfile de caballeros y dos grupos de mulillas. Luego viene la corrida de toros. El día termina con cena, baile, música y fuegos artificiales.

Actividad 4.12

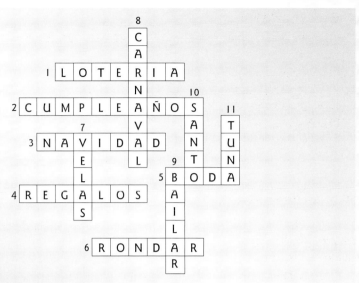

Horizontales

1 – Sorteo, puedes hacerte rico.
2 – Ese día tienes un año más.
3 – Se celebra el nacimiento de Cristo.
4 – Se dan y se reciben en Navidad, cumpleaños o santos.
5 – Acto de casarse.
6 – Cantarle a una chica en un balcón.

Verticales

7 – Las apagas cuando cumples años.
8 – El de Sitges se celebra en febrero o en marzo.
9 – Moverse al ritmo de la música.
10 – El día especial de tu nombre.
11 – Grupo musical tradicional español.

Acknowledgements

Grateful acknowledgement is made to the following sources for permission to reproduce material in this book:

Text
Page 49: Alcelay, C. 1994, 'Amigo, cuate, che o companheiro', *Cambio 16*, 1160, 14 February 1994, Cambio 16; *page 78*: Uribarri, F. 1993, 'Hijos del asfalto', *Cambio 16*, 1114, 29 March 1993, Cambio 16; *page 91*: Dueñas, M. 1996, '¿De campo o de ciudad?', *El País*, 3 April 1996, El País Internacional SA; *page 130*: Uccelli, R. 1995, 'Cita en la cumbre', *Perú El Dorado*, December-February 1996, pp. 36–39, Prom Perú; *page 180*: de Antuñano, M. J. G. 1995, '¡Menudo tomate!', *Micasa*, 9, July 1995, pp. 141–142, Grupo Axel Springer SL; *page 206*: Toran, A. 1995, 'En la cuerda floja (Paso a paso)', *Micasa*, 9, July 1995, p. 117, Grupo Axel Springer SL.

Illustrations
Page 23: Forges / El País; *page 25*: Quino 1992, 'Mafalda', *Todo Mafalda*, Editorial Lumen SA, by permission of Quipos srl; *page 67 (bottom)*: Spanish Tourist Office; *page 74*: Mariscal / El País semanal; *page 138*: Sánchez Vidal, A. 1997, 'Del veraneo de ayer a las vacaciones de hoy', *Manifiesto del Siglo XXI*, 3, August 1997, pp. 54–57, Ediciones Manifiesto SA.

Cartoons by Jim Kavanagh and Ray Webb.

Photo on page 149 by Roy Lawrance; photos on pages 7, 80, 117 by Max; photos on pages 8, 35, 57, 174 image Copyright © 1996 PhotoDisc, Inc.

Cover photo (of boats) by Barbara Scrivener; (of chimneys and wall mosaic) by Hélène Mulphin.

This text forms part of the Open University course, L140 *En rumbo: a fresh start in Spanish*. The course comprises the following titles:

En rumbo 1: Encuentros and **El tiempo libre**

En rumbo 2: Natural como la vida misma and **Hechos y acontecimientos**

En rumbo 3: Los tiempos cambian and **El arte al alcance de todos**

En rumbo 4: ¡No lo dejes para mañana! and **Los medios de comunicación**